Dünne Landzunge

Gedichte

Angela Hilde Timm, Grete Ruile,
Klaus J. Rothbarth u.v.a.

Dorante Edition

Dünne Landzunge

Gedichte

Angela Hilde Timm, Grete Ruile,
Klaus J. Rothbarth u.v.a.

Bibliografische Information durch die Deutsche Nationalbibliothek: Die Deutsche Nationalbibliothek verzeichnet diese Publikation in der Deutschen Nationalbibliografie; detaillierte bibliografische Daten sind im Internet über http://dnb.d-nb.de abrufbar.

herausgegeben durch das Literaturpodium, Dorante Edition
Berlin 2022, www.literaturpodium.de
ISBN: 9783756217724

Foto auf der Vorderseite: Leuchtturm auf Hel, Marko Ferst

Herstellung und Verlag: BoD – Books on Demand, Norderstedt

Andreas Fehrle

Der Junge Faun!

Zahnlos lachend Faun,
verschmitzt bist du ohnehin;
Auch ohne Zähne!

Andreas Fehrle

Die Tat!

David schleudert Stein,
Mit kraftvollem Hieb:
runter den Kopf!

Grete Ruile

Reflexion

Das Leben ist ein verlorenes Gut,
wenn wir nicht leben wie wir
hätten leben können.

Grete Ruile

Mondnacht

Der Mond zeigt sich in dieser Nacht
wie ein roter Ball am Erdenrand.
Es ist als ob mit heißer Glut
er auf der Erde lande.
Doch in einer besonderen Mondphase
bezauberte mich sein mit kleinen Flecken
scheu lächelndes Gesicht,
umgeben vom funkelnden Sternenlicht. -

Grete Ruile

Dich kann ich nie vergessen

In Gedanken schreibe ich dir unzählige Briefe.
Der Inhalt ist immer derselbe.
„Ich liebe dich, ich vermisse dich!"
In diesen Briefen ist meine Seele die Verbindung zu dir.
Denn: Von dem Gefühl inniger Liebe kann man
sich nicht so leicht verabschieden.

Grete Ruile

Das zeitlose Geheimnis

Schönheit ist unfassbar.
Sie ist so geheimnisvoll wie die Schönheit der Seele,
der Liebe und der Zärtlichkeit.

Grete Ruile

Tanzabend

Junge Menschen wollen fröhlich sein.
Wieder einmal herzlich lachen und
endlich auch verliebt zu sein.
Schöner junger Mann, versuch dein Glück!
Die Angebetete weist dich sicher nicht zurück.
Deine zärtlichen Gefühle nimmt sie wahr.
Und zur späten Stunde, hast du dein Glück gefunden,
sie haucht aus ihrem Munde für dich das lang ersehnte
Wort: „Ich liebe dich."

Grete Ruile

Märchenhafter Traum

Im Traum erblickte ich die glänzende Fassade
einer Villa an der Promenade.
Ich blickte an ihr empor und dachte:
„Diese prachtvolle Villa möchte ich erringen!"
Das erregte mein Sinnen.
Marmortreppen sollen in die Höhe führen.
Diener auf Befehle warten.
Breite Stufen führen in den Garten.
Süße Düfte seltener Rosen
meine Nase liebevoll umkosen.
Das alles erschien mir im Traum als die Wirklichkeit.
Die Türe knarrte! Ich erschrak, erwachte
und ich sah, die wahre Wirklichkeit war wieder da.

Grete Ruile

Ferner Himmel

Ferner Himmel und du.
Ich sehe Wolken wandern im Abendwind.
Ich sehe Wolken eilen der Morgensonne zu.
Uns trennen so viele Tage.
Doch mein Denken bist immer nur du.

Grete Ruile

Lebensphilosophie

In der Jugend geht alles zu langsam.
Im Alter alles zu schnell.
Es rast alles an uns vorbei,
auch unsere Lebenslandschaft.
Nichts ist auf- und anzuhalten,
selbst die Liebe nicht.
Nur der Tod ist uns gewiss.
Er ist endgültig.

Grete Ruile

Heide-Frühling

Spät zog hier der Frühling ein.
Strauch an Strauch blüht jetzt die Heide.
Das Zwerggewächs ist eine Augenweide.
Purpurfarben im festlich schönen Kleide
schmückt sie das weite Reich der Heide.

Grete Ruile

Leiser Flügelschlag

Im Alter fühlt man jede Stunde,
die uns mit leisen unsichtbaren Flügeln streift.
Die Tage gehen viel zu schnell vorbei.
Unser Wunschdenken:
Der unbestimmte Tag, er sei noch weit.
Wir sitzen enggeschmiegt im Halbdunkel,
so träumt es sich gut. Vom Fenster her
die Sterne funkeln. Ein Lichtstrahl erhellt
das Dunkel. Der helle Schein tut gut, er
gibt uns neuen Lebensmut.

Grete Ruile

Der Glücksbringer

Ein vierblättriges Kleeblatt das will ich finden.
Am Wiesenweg versuche ich mein Glück.
Mein Blick bleibt tief gesenkt, so bin ich
durch nichts abgelenkt. -
Ich sehe die Sonne nicht, mit ihrem hellen Licht.
Achte nicht auf die Wiesenbäume, wie sie
werfen ihre bizarren Schattenräume.
Höre nicht auf den klaren Bach, der plätschert
durch die Matten.
Ein vierblättriges Kleeblatt will ich finden!
Es soll sich mit mir und dem Glücklichsein verbinden.

Grete Ruile

Wildblumen

Auf der Schutthalde, die in früheren Tagen
einen gepflegten Garten mit blühenden
Blumenbeeten hat getragen,
wuchert unterdessen wild das Unkraut.
Dazwischen ist ein Teppich von Huflattich
mit seinen leuchtend gelben Blüten
aus dem steinigen Boden getrieben.
Anzusehen ist der leuchtend gelbe Blütenteppich
voller Wonne. Herausgelockt hat ihn die warme Sonne.

Grete Ruile

Beim Vorlesen der Autorin

Wenn ich sie lesen höre, weiß ich,
was für ein erregbares Herz sie besitzt.
Welche Fülle der Liebe sie in sich trägt.
Der Zuhörende kann mit ihr fühlen,
der Zuhörende kann mit ihr weinen,
der Zuhörende kann mit ihr lachen,
wenn sie vorliest.
Diese besondere Begabung ist ein Segen.

Grete Ruile

Der kurze Lebenstraum

Erinnerung an meine Tochter

Ich und du, wir alle müssen einmal gehen.
Was bleibt ist ein Grabstein,
mit unseren Namen versehen.
Doch kurze Zeit ist selbst deine Grabstätte hier.
Während dieser Zeit sind meine Gedanken bei dir.
Kaum ein Jahrhundert, dann ist alles vergessen,
alles vorbei.
Staub und Asche, auch das verfliegt,
niemand weiß wer darunter liegt.
Meine Hoffnung: Dass dir zu Lebzeiten das Wissen
der Welt sich enthüllte und tiefe Liebe
für dich sich erfüllte.

Grete Ruile

Am Schwäbischen Meer

Viel zu rasch verging die Sommerzeit.
Herbstwetter macht sich breit.
Die gepeitschte See begann ihr Klagen. -
Grau und rau erscheint der See
nach wilden Sturmestagen.

Joanna Masseli

Broken Heart Syndrom

- in memoriam an Romy Schneider -

Rosemarie Magdalena
das süße Mädchen
das mit dem „weisen Flieder"
aufblüht
wie ein Frühling
im Schönbrunn-Garten

ein Schmetterling
sieht seine eigenen Flügel nicht

Romy
weißt du wie schön du bist?

stehen zu bleiben
ist nicht dein Stil

aber du wurdest eingemauert
in deiner Trauer

das Kind
über den Zaun vorausgegangen
als ob es nie verloren wäre

„Tod am gebrochenen Herzen"
deine Erlösungs-Schwelle

Joanna Masseli

„Angriff auf die ganze Gesellschaft", 31.01.2022

- in memoriam an die ermordeten Polizisten aus Kusel -

Wilderei
Menschen werden zu Tieren
ohne Hemmschwelle

ungerecht

wird der Mut
mit dem Tod bestraft

viel zu früh
das falsche Fahrzeug
angehalten

auf dem richtigen Weg
trifft man die Falschen
denn unberechenbar ist die Zeit

lebenslang ist zu kurz

was bleibt
ist Respekt und Dankbarkeit

Joanna Masseli

Runway

> *- in memoriam an Karl Lagerfeld -*

Musenstamm
folgt Welkarrieren
Schönheit soll irritieren
Langeweile nicht erlaubt

Zeugen der Leidenschaft
ins Rampenlicht gestellt
glamouröse Aura
Allure und Eleganz

und wenn sie laufen
blüht er auf
als hätte die Bewegung der Beine
seinen Herzschlag animiert

König der Mode
verlässt den Runway

„chanelisierte" Welt lebt weiter

Joanna Masseli

Choupette

- in memoriam an Karl Lagerfeld -

Choupette
die perfekte Partnerin
It-Cat
Yoga Meisterin
die nur Brunnenwasser trinkt
frisch gefiltert

„a High-Flying Fashion Cat"
im Privatjet
luxuriöser Lebensstil

Choupette
seidig glänzt dein Fell
en Vogue
sternsaphire Augen
strahlen so stark
wenn die Stifte vom Schreibtisch fallen

er liebt dich
mehr als sich
„Choupette In Love"

um Alleinsein zu dürfen
braucht man ein Argument

du bist da

das Kopfkissen wird geteilt

Joanna Masseli

Sonnenkönig

- in memoriam an Karl Lagerfeld -

Sonnenkönig

hinter den schwarzen Gläsern
weil
zwischen ihm und der Welt
eine Glasscheibe nicht reicht

schwarz

ist seine Seele nicht

aber er will nicht beobachtet werden
und schon gar nicht angefasst

anonym
mimisch weniger expressiv

Augen nur für den Privatgebrauch

Unsichtbare sind sicher

es fängt bei ihnen an
und hört bei ihnen auf

Joanna Masseli

One model for Karl - Claudia

- in memoriam an Karl Lagerfeld -

magischer Zauberer
des Feenstaubs
verwandelt
Schwarz und Weiß in bunt

Muse
erobert schüchtern die Welt

Lara Petrovic

Führe mich, oh Schicksal

Führe mich oh Schicksaal
nimm meine Hand
zeig mir mein Freund
das versprochene Land

Ein Land in dem ich bleibe
und glücklich lebe
ein Land in dem ich geboren bin
ein Land in dem ich sterbe

Führe mich oh Schicksal
verbinde mir die Augen
sei mir ein blinder Hundeführer
dem ich vertraue

Führe mich oh Schicksal
damit ich mich besinne
Du bist meine Bestimmung
und meine innere Stimme

Und ich sehe dich vor mir:
gekleidet in schneeweißem Gewand
traurig zum Abschied reichst du mir deine Hand
und ich weine mit dir
mein Land
mein schönes Land

Und ich sehe dich in mir
deine Landschaften strahlen wie Sterne im Morgenland
in dieser kalten Januarnacht
mein Land
mein schönstes Land
Ohne dich verliere ich den Verstand!
Mein Land
mein einzigstes Land

Für immer gebunden mit dir durch Linien auf meiner Hand
jetzt bist du nur ein ehemaliges Land
was hat man dir denn angetan:
warum und wann?!
... deine weiße Kleider getränkt in Blut?
es schmerzt so sehr
mein Herz
wie im Feuer Glut
verwundet bliebst du zurück
Leb wohl, machs gut

Und ich weiß:
auch ohne mich wird es dich geben
ohne mich wirst du nicht sterben
wie Phönix aus Asche wirst du weiterleben
in dir bin ich geboren
eines Tages
zu dir kehre ich zurück zum Sterben

Gewidmet Ex-Jugoslawien, einem Land das es mal gab, sowie gewidmet
allen Menschen egal welcher Religion und Herkunft, die ihr Land durch
Kriegsereignisse verlassen mussten.

Elena Zardy

Und wenn

Und wenn ich dich
heut' nacht erspürte
Und wenn ich sah,
dass weder Hoffnung blieb
noch dass ich mich
an dir erglühte
Die Sehnsucht,
die mich wieder zu dir trieb
Und wenn ich dich nicht mehr berührte
noch sprach ein letztes,
ernstes, leises Wort
So war es,
dass ich dich zuletzt berührte
und legte alle Liebe fort

Elena Zardy

Vielleicht war es der Wind

Vielleicht war es der Wind,
der deinen Namen rief
ein leichter Hauch,
der meinen Nacken streift
ein sanfter Kuss
auf meiner kalten Haut
Vielleicht war es der Wind,
der leise zu mir spricht

Elena Zardy

Du bist wie eine zarte Rose

Du bist wie eine zarte Rose
dornenrot und so vertraut
ein sehnsuchtsvolles
Nach-dir-fühlen
ein Glühen unter meiner Haut
Du bist wie eine zarte Rose,
die ich doch eben noch
gepflückt
Gedanken rasen
wollen von dir lassen
haben mich noch oft
verzückt
Du bist wie ihre Dornen
geheimnisvoll noch in der Not
Ich könnte über Gräben
wandern
lebendig schon und manchmal
tot
Und bist du doch wie eine Rose
dornenrot und auch entrückt
Du bleibst mir eine zarte Rose,
die mich doch eben noch
beglückt

Elena Zardy

Wie vorher

Still bist du
an diesem Tag
wo nur noch Erwachen
notwendig gewesen wäre
Still hälst du meine Hand
du zweifelst nicht mehr
noch streift ein Kuss meine Haut
wie an unserem ersten Tag
Könnte ich nur
in diese Stille
hinabtauchen
und Frieden in mir bewahren
und dich gehen lassen
ohne dich leben
wie vorher

Ingrid Walther

Perspektivenwechsel

Ich hab es nicht eilig.
Wie schön ist denn das?
Ich versink in Gedanken,
Ich träum in den Tag.

Vergesse, dass ich sollte,
Dass Eile was bringt.
Tu, was ich schon immer wollte.
Mach, dass die Zeit still steht,
Und es - ihr glaubt es nicht -
Auch anders geht.

Was man mich gelehrt,
Hat sich relativiert,
Ich frage mich nur,
Wie ist das passiert,
Wer hat an meinen Gedanken gedreht?

Vielleicht ich, vielleicht du?
Das Leben selbst?
Ist doch egal.
So gefällt mir die Welt!

Ingrid Walther

Scherzgedicht zur Vollmondnacht

The Queen has a Spleen,
Wenn sie den nicht hätte,
Wär sie nicht die Queen.

Also leg auch du dir einen zu.
Ich meine den Spleen,
So wie die Queen!

Den Rest, der noch fehlt,
Den Thron, den Prinz,
Das Schloss und den Chauffeur,
Gibst leider nicht für jedermann
In dieser ungerechten Welt.

Drum legt euch alle einen zu
- Ich meine den Spleen -
Dann ist die Queen wie ich und du!

Niemand buckelt mehr vor ihr
Niemand jubelt ihr mehr zu.
Sie ist wie Hans und Liese und wie wir.
Schön wärs, sagst du.

Ingrid Walther

Sonntag

Es muss doch einen Tag geben,
An dem wir nichts anderes tun als LEBEN!

Dazu ist der Sonntag da
Oder der Sabbat oder wie immer du ihn nennen magst.
Ist doch SONNENKLAR!

Also streck dich mal aus,
Durchmesse den Tag mit anderem Schritt,
Lass Unordnung Ordnung sein,
Vergiss die Pflicht und - wenn du magst -
Nimm mich mit.

Jetzt liegen wir erst mal bloß rum,
Und schauen in die Luft - sei's drum!
Dann rauchen wir eine, trinken ein Gläschen
Oder stecken unsere Näschen in ein Tässchen Kaffee.

Ein Buch wär nicht schlecht,
Eine Zeitung tuts auch,
Ich schlaf ohnedies wieder ein,
Und jetzt liegt die Zeitung auf meinem Bauch.

Langsam komme ich zur Ruh.
Und was tust du?
Sitzt da und guckst mir zu.
Sagst: Es muss doch einen Tag geben,
An dem wir nichts anderes tun als LEBEN!

Ingrid Walther

Zeitvertreib

Was ist, wenn ich die Zeit vertreib?
Wo ist sie dann geblieben?
Davon gejagt für kurze Zeit,
Vielleicht mit Lichtgeschwindigkeit?

Schon schleicht sie sich von hinten an,
Ist wieder da - erbarmungslos!
„Hab meine Sternenrunde nur gedreht,
Die Ewigkeit schläft,
Mich wirst du nicht los!"

Wir werden alt, die Zeit bleibt jung.
„Ich bin nur eine Dimension,
Bin Parasit, bin Illusion,
Lern deinem Kind das Zählen!
Dann weiß es, dass die Zeit vergeht,
Die Stund gezählt ist,
Alles verweht."

Ach lass mir meinen Zeitvertreib,
Mein kleines Schlupfloch
In die Ewigkeit.
Kometengleich errungen,
Kometengleich verklungen.

Ingrid Walther

Einzelstück

Vielleicht ist das der Weg zum Glück,
Nimm jeden Tag als Einzelstück.

Denk nicht an gestern, nicht an morgen,
Mach dir bitte keine Sorgen.

Tu was nötig.
Tu was richtig.
Tu was gut.
Und verliere nicht den Mut.

Vergiss nicht zu staunen,
Vergiss nicht zu lieben,
Vergiss nicht zu rasten.

Tu, soviel du kannst, nicht mehr,
Mach einen Plan, doch reit nicht drauf rum.
Und schau dich immer wieder um.
Lebe im Augenblick!
Vielleicht ist das der Weg zum Glück!

Ingrid Walther

„Es ist ein Glück, ein Kind zu sein",
... sagt die Enkelin zur Oma!

So beginnt dein Lied des Lebens
Und so soll es weitergehn.

Jede Strophe möge schließen, mit dem Wissen,
Dass es gut ist, hier zu sein!

Lebe in der Überzeugung, dass du einzigartig bist,
Dass das Leben ein Geschenk ist,
Du geliebt wirst, selber liebst.

Sing dein Lied und leb in Freuden,
Wachse, lerne, bleib die treu.
Folge deiner inneren Stimme.
Probier dich aus, erfind dich neu.

Lass dich immer überraschen,
Gehe deinen eignen Weg,
Lebe deine Interessen,
Folge dem, was klug dir scheint.

Lass dich nicht beirren, lass dich nicht verführen!
Verlier dich nie!

Lass nicht blenden dich von jenen,
Die dein Lied nicht singen,
Es nicht hören wollen, es nicht kennen.
Folge deiner Melodie!

Wähle diese zur Begleitung,
die im selben Rhythmus gehn.

Doch wenn dir danach ist, lebe als Solist!

Ich wünsch dir, dass du glücklich bist
Und auch, dass du ein Leben lang
Das Kind in dir niemals vergisst.

Und eines schönen Tages singst du dann
Mit ihm zusammen diesen Reim:
„Es ist ein Glück, ein Mensch zu sein!"

Ingrid Walther

Streichquartett

Rosamunde gehts im Kreis
Rosamunde laut und leis
Rosamund die Violine,
Wehmut, Zorn, Verzweiflung, Glück
Tanze doch, du böses Mädchen,
Dafür schrieb er die Musik.

Der zweite Satz ist nur für dich.
Das Cello klagt´s,
Die Geige singt´s,
Die Bratsche spielt zum Tanz.

Was für ein Glanz!

Wer schrieb es mir, fragst du?
Das ist doch klar.
Es ist von ihm,
Vom Schubert Franz.

Ingrid Walther

Herbst

Goldene Tage, Himmel tiefblau,
Das feine Gespinst von Stille!

So oft schon besungen,
So oft schon gerühmt!

Und nun auch noch ich.
Ich sehe euch lächeln,
Es kümmert mich nicht,
Ich sage euch freundlich,
ich tu's nur für mich!

Ich stell diesen Tag
In die Klippen der Zeit.
Im Herbst des Lebens, im Herbst des Jahres
auch das ein Klischee -
Dort leuchtet er auf aus grauem Gestein,
Und was ich jetzt seh,
Gehört mir ganz allein.

Ich blick auf die Blüten des Schmetterlingsstrauchs,
Zwei Falter, Braungold auf Blau.
Sie kümmert es nicht, was morgen ist,
Ihr Tanz ungeahnt, unvergessen ...

Und schau!
Ein kleiner Vogel am Dachfirst sich regt.
Schon spreizt er die Flügel, fliegt hoch.
Was kümmert es ihn, was da unten passiert,
Da oben gehört ihm die Welt.

Schon ist er weit weg,
Schon sieht man ihn kaum,
Er ist ausgeflogen,
Ein Wunder zu schaun.
Nichts gibt es für ihn sonst, das zählt!

Und wisst ihr, was meine Begleitmusik ist?

Dort hinter dem Fenster erklingt ein Klavier,
Die Hände des Bruders auf schwarzweißen Tasten,
Ich kenne sie gut, ich seh sie vor mir.

Ein Fenster ist offen,
Dort dreht sich im Kreis,
In der Trommel die'Wäsche,
Ich hör es ganz leis.

Ich halt das Gesicht in die Sonne,
Im Kopf macht es „Knips",
Dies ist ein Moment für immer.
Nur für mich?
Nein, ab nun auch für dich!

Ingrid Walther

Schlaflied

Lass die Träume einziehen,
Leg einen Schleier über deine Augen.

Lass los!

Entrücke die Realität
Entzücke dich an den Träumen
Entzünde ein anderes Licht.

Leitstern in fremde Weiten,
Erscheinungen aus alten Zeiten.

Kreisgedanken, Kreisgefühle

Das NICHTS!

Ingrid Walther

Nachtgebet

Die Blüte schließt sich,
Geht zur Ruh,
Auch dir fallen die Augen zu.

NACHTSCHWÄRMERIN!

Schließ die Tür,
Nimm dich in deine Arme,
Du gehörst nur dir!

Jetzt lass dich auf das blaue Sofa fallen.
Dein Gefährt in die Traumwelt!

Verabschiede dich von dem
Was wunderbar
Und auch von dem
Was heut nicht nötig war.

Ihr seid Freunde,
Die Nacht und du,

AUGEN ZU!

Ingrid Walther

Zeitenwende
Teneriffa 2022

Das Meer - so warm und so blau!
Das Leben - ein goldener Traum!
Träum oder wach ich?
Wie lange noch?
Pandemie und plötzlich Krieg in Europa.
Ach, die verwöhnte Nachkriegsgeneration!
Das hör ich jetzt öfter!

Verwöhnt ist schlecht
Kriegsgestählt ist gut.
Das sagt ein Minister.
Meint er das damit:
Wer seine Kinder schlägt macht sie hart für den Krieg.
Wer sie liebt, hegt und pflegt,
Bereitet sie nicht auf das Leben vor, nicht auf die wirkliche Welt?

Er, der jetzt den Krieg beginnt,
Ich wette drauf,
Dass er geschlagen wurde als Kind.
Seine Wut sitzt tief, seine Verletzung wiegt schwer.
Jetzt zeigt er es der ungerechten Welt.
Jetzt sitzt er am Hebel,
Gerechtigkeit wieder hergestellt!

Gerade noch haben wir philosophiert.
Den Sinn des Lebens für jeden gesucht.
Uns zur Liebe ermuntert, zum Glücklichsein,
Ratgeberbücher konsumiert,
Ein - wie man uns heute sagt - privilegiertes
Leben geführt.

Wir sind die verwöhnte Nachkriegsgeneration,
Wir haben an das Gute im Menschen geglaubt,
An den Fortschritt der Menschheit,

den Frieden für die Welt,
Das Militär belächelt,
Waffen produzieren? Das hätte uns gerade noch gefehlt!
Nun denken wir um. Rufen auf zum Krieg.
Und auf einmal ist Pazifismus naiv.

Eines ist klar,
Wir brauchen Solidarität.
Doch werft bitte nicht diese Werte weg:
Den Glauben an das Gute, an die Liebe
Und den Frieden.
Etwas besseres als eine Demokratie
Finden wir nie!

Wir haben uns ich Sicherheit gewähnt,
Hartes Erwachen!u
Das Böse besiegen!
Nur eins lässt uns hoffen.
Es ist nicht der Hass,
Es ist die Liebe,
die zählt!

Angela Hilde Timm

Die Vögel zwitschern ‚Gute Nacht'

und auch die Rose – gib fein acht –
bietet ihren letzten Gruß
bevor sie im Nachtdunkel träumen muss.

Die Luft wird kühler und ein wenig feucht,
die Zweige und Blätter der Bäume rascheln leicht
im seichten kühlen Abendwind.
Oh, wie bin ich froh gestimmt!

Die Nacht, sie kommt so sanft und mild,
und Frieden aus dem Herzen quillt.
Wie liebreich beschließt die Schöpfung den Tag,
warum wohl der Mensch immer nur Hetzen mag?

Ach, besähe sich der Mensch öfter
das wundersame Schauspiel der Natur
im Laufe der Jahre seiner Lebensuhr,
er höbe Schätze, die kein Termin ihm schenkt,
indem er Blick und Sinn einfach
auf das Natürliche lenkt.

Warum muss ich diese Zeit mir stehlen?
Mög' es in meinem und in deinem Leben
nie an solchen Stunden fehlen.

Schließen tue ich mit dem Gebet:
Herr Jesus, hilf, dass die Schöpfung
den Menschen überlebt.

Angela Hilde Timm

Ab heute
sinkt meine Lebenssonne.
Sie steht nicht mehr im Zenit.

Und aus halb vergessenen Zeiten
ist es allein sein Rot,
was mir blieb.

Das Rot seiner Liebe
leuchtet auch heute
und künftig hell
zu Weiß und Blau
und zu dem grünen Gras
im Morgentau
– voller Tränenperlen –
kristallklar funkelnd.

Ich fürcht' mich nicht mehr
vorm Dunkeln,
denn klare Sterne walten dort
und
seiner Liebe Glanz
weißt mir meinen Weg
fort und fort.

Das Rot seiner Liebe bleibt.

Angela Hilde Timm

Sonntagmorgen:

Blätterrauschen
und meine Sinne lauschen.

Froh und dankbar
für das Leben
für die Farben
für den Duft
für die Tiere, die sich ringsum regen
und für die Vögel in der Luft, –
für die Klänge, für das Rauschen.

Sonntagmorgen – Schöpfungsfeier
und mein Geist wird immer freier.
Lächelnd so im Leben stehen,
und auf Erden so den Himmel sehen:
das ist Glück!

Das ist Segen,
der um und in uns fällt
wie warmer Regen.

JESUS,

ich brauche nie zu hungern,
doch ich habe unstillbaren Hunger
nach wahrem Leben.

Ich brauche nie zu frieren,
doch in meinem Leben
sind menschliche Nähe und Wärme
Mangelware.

Ich kann mir fast alles kaufen,
doch sinnentleerter Besitz
macht nicht froh.

Jesus,

bitte schenke mir wahres Leben
aus dir.

Bitte erwärme mich,
und lass' mich zur Quelle
menschlicher Nähe und Wärme werden.

Bitte lass' mich froh und dankbar sein
und lehre mich das Teilen.

Angela Hilde Timm

Lieber guter Vater,

Du gibst auf mich acht.
Was habe ich mir schon wieder für Gedanken gemacht?

Lehre mich vertrauen und ganz still zu sein:
Auf dich nur will ich bauen, zieh' in mein Herz hinein.

Die Nacht senkt sich hernieder,
sie schenkt freudvolle Lieder.

Sei du doch bei uns allen
mit deinem Wohlgefallen.
Verströme deine Liebe
und beende Kriege – groß und klein.

Ach, wolltest du nur bei uns sein.

Gloria in excelsis Deo.

Angela Hilde Timm

Und ist der Weg mal wie verrammelt
‚hier geht's nicht weiter' sagst du dir.

Nur alle Sinne gut erspüren lassen
dann ein Herz sich fassen
und sich bücken
mit geradem Rücken
und erhobenen Blick
nicht zurück
schauen,
sondern auf
‚Weg, Wahrheit und Leben'
vertrauen.

Angela Hilde Timm

Zur Ruhe kommen,

um sich für die Liebe Gottes öffnen zu können.

In die Stille gehen,
um sich auf Gottes Stimme einzustellen.

Kränkendes beim Namen nennen,
als ‚Übel' stehen lassen – nicht verniedlichen –
vergeben und um Vergebung bitten.

Licht, Liebe, Güte, Barmherzigkeit, Geduld und
Freundlichkeit sind bei Gott.

Es ist notwendig immer wieder auf ihn zu sehen
In der Dunkelheit dieser Welt:

Zur Ruhe kommen,
sich für die Liebe Gottes öffnen.

In die Stille gehen,
um sich auf Gottes Stimme einzustellen ...

Angela Hilde Timm

Sieh hin!
Erkenne und begreife:
Ich meine es gut mit dir.

Komm her!
Nimm doch meine Gaben an,
und freue dich daran.

Höre doch!
Meine Stimme weist dir deinen Weg –
um meines Namens willen.
Gutes und Barmherzigkeit werden dir vorangehen
Dein Leben lang.

Vertraue mir!
Meine Augen leiten dich.
Ich habe dich bei deinem Namen gerufen,
du bist mein.

Lass hinter dir!
Vertrau' den neuen Wegen,
die ich dir weise.
Die Zukunft ist unser Land –
Drum sei nicht länger verzagt.

Angela Hilde Timm

Abendrot wie bist du schön!
Ich kann mich an dir nicht satt sehn.
Deine sanften rosa und lila Nuancen
bringen meine Seele zum Tanzen.
Du beschließt mit Farben
der Liebe diesen Tag,
und ich leise mein Herz befrag:

‚Hast du geliebt?
Oder warst du ein Tagedieb?
Warst du Christus, Hand, Auge,
Ohr und Mund?
Wenigstens eine Stunde'?
Wem bist du Nächste gewesen?
Konnte jemand Liebe
aus deinen Taten lesen?'

Die Farben weichen der Nacht.
‚Herz, gib auf deine Tage acht.'

Angela Hilde Timm

Aufwachen möchte ich.
Bewusst leben.
Träume, Gedanken
in die Tat umsetzen.
Kleine und große Schritte
wagen.

Aber nur mit dir
mein Gott,
gehe ich von Innen
nach Aussen.

Wie die Natur im Frühling
will ich knospen und blühen.

Was in mir ist,
soll Gestalt gewinnen
wie Blatt und Blüte.
Und mit deinem Segen
wird mein Herbst
dann bunt und fruchtig-süß.

Doch erst lehre mich
die richtigen Blüten
zur rechten Zeit auszubilden
in wundervollen Farben,
Formen und voller Duft.

Danke für Wachstum und
Gedeihen bis hierher.
Bitte lass mein Leben ein
Dankeschön sein.

Angela Hilde Timm

Zarter lila Blütenschimmer

Nein,
der Februar-Himmel
zeigt kein Blau am Himmelszelt,
sondern hüllt in Grau,
in totes Grau,
die Winter-Alltagswelt.

Drauf blicke ich zur Erde –
da Oben gar nichts scheint –
ob ich hier nicht fündig werde,
ob nicht etwas Buntes keimt.

Da schimmert aus dem Grau
eine lila Blüte hervor
und öffnet mir auf Erden
den lieblichen Himmelsfloor.

So strahlt manche Blume
in meinen Alltag sacht
und grüßt aus dem Paradiese
mit ihrem bunten Blatt.

Zarter lila Blütenschimmer
erhellt mein Alltagsgrau.
Bald schon weiss-rosa Geflimmer –
Ich fühl' das ‚Ja' genau!

Angela Hilde Timm

Bote der Hoffnung
dieses ehrwürdige Buch
meiner Großmutter

Angela Hilde Timm

Das alte Gebet
VATER UNSER im Himmel
Hoffnung der Ahnin

Angela Hilde Timm

Die Fesseln gelöst –
frei der Blick über den See
am Ostermorgen

Angela Hilde Timm

Der Freischwimmer

Wir müssen uns alle freischwimmen,
und überleben ist der Lohn.

Leben und Wasser sind unberechenbar:
Temperatur, Tiefe und Fließgeschwindigkeit
Können wir nur sehr bedingt beeinflussen.

Doch, ohne Schwimmen,
ohne Bewegung,
können wir uns auf Dauer
nicht über Wasser halten.

Manche sind Lebenskünstler,
sind Meisterschwimmer.

Ich habe mein Seepferdchen
In einem Wildbach gemacht,
und trainiere gerade für meinen
Freischwimmer.

Angela Hilde Timm

Die Neue Zeit

Es gibt Wunden, die heilt die Zeit nicht,
doch: lass' dich nicht selbst im Stich.

Die Wunden vernarben
und mit der Zeit lehrt die Erfahrung
dem erneuten Aufbrechen vorzubeugen.

Lass' hinter dir und beginne ganz neu.

Scheinbar ging alles kaputt.
Doch wer sagt dir,
dass das wirklich schon alles gewesen war?

Vertraue deiner verschütteten Zuversicht.
Schenke ihr Licht und deine Zeit.
Gib dich dir selbst zum Trotz nicht auf.

Ergreife deine Neue Zeit
mit deinen eigenen Händen.
Finde Wege in deine Neue Zeit
mit deinen eigenen Füßen.

Begrenzte Möglichkeiten sind zwar anders,
aber immer noch vielfältig und bunt.

Lass' hinter dir.
Beginne.
Erlebe deine Neue Zeit ‚danach'.

P.S.: Und Jesus, der Herr über Zeit und
Ewigkeit, will dein Helfer sein.

Klaus J. Rothbarth

Brandenburger Begegnungen

Ein Lang-Poem

Teil 1

Die Ente

Wo die Mitte der Stadt Berlin
Den Touristen zu Füßen liegt, steht
Vor dem „BE" - Theater am Spreeufer[1]
Und an der Friedrichstraße
Ein Denkmal des „großen B.B."

Auf einer Bank sitzend, ruht Bertolt Brecht
Vom „großen Klassenkampf" aus.
Neben ihm da Platz nehmend,
Lege ich vertraulich meine Hand   \
Auf sein bronzenes Knie.

Ich erinnere ihn an seine Epigramme,
Den „Buckower Elegien", alle geschrieben
Im „Brecht-Weigel"-Haus am „Schermützelsee"
In Brandenburg in dem idyllischen Ort Buckow.
Das Haus benannt nach ihm und seiner Frau.

Ein sehnlicher „Begegnungs"-Wunsch-Ort
Für jeden „echten Brechtianer".
Aber noch ein recht abenteuerlicher Ausflug
Für West-Berliner mit lange vorher
Zu beantragender DDR-„Einreise"-Genehmigung.[2]

Anfang der 80er Jahre standen wir
Mit unseren jungen Töchtern S. und G. nach
„Feindlich-gesinnter" langer „Einreise"-Kontrolle
Endlich einmal vor dem Haus. „Warum ist das
Eigentlich ein anderes Land, Papa?", fragte S.

48

Langes Klingeln an der Tür. Nach dem Tod
Von Brecht und Weigel war das Haus seit 1977
Ein Museum. Die Tür öffnete sich: „`schuldigung",
Sagte etwas schnippisch eine junge Frau, „aber
Die haben heute zu."

„Aber wir sind doch extra aus West-Berlin ...,
Lange Planung der „Einreise" und so,
Sie wissen doch ..." „Tut mir ja ooch leid, aber ..."
Und schloss die Tür. „War das nicht die bekannte
Schauspielerin vom „BE"? Wie hieß die doch?"

Enttäuscht standen wir an der ziemlich
Reparaturbedürftigen Zaunmauer. G. zählte
Die auf den Zaunpfosten hockenden,
Aus grobem Betonguss bestehenden Enten.
„Papa, sieh mal, einer fehlt ja der Kopf!"

Da stieß mein Fuß
An einen, unter den Blättern an der Mauer
Liegenden Stein: Der Beton-Entenkopf.
Ich hob ihn auf und nahm ihn mit.
Frühes West-Plündern.

Gut versteckt im Kofferraum
Überstand er auf der Rückreise
Die „Angstschweiß"-treibende Suche
Der „Grenz-Organe" nach versteckten[3]
Flüchtlingen im Kofferraum.

„Seitdem befindet sich deine Ente als frühes
DDR-Buckow-Relikt am „Schlachtensee" in Berlin
Auf unserer Terrassenmauer", sage ich zu Brecht.
Fluchthilfe für einen Entenkopf. Sah ich ein
Verzeihendes Lächeln in seinem Gesicht?

1 „BE" („Berliner Ensemble")
2 DDR (Deutsche Demokratische Republik)
3 „Grenz-Organe" (Vopo / Volkspolizei)

Klaus J. Rothbarth

Brandenburger Begegnungen

Ein Lang-Poem

Teil 2

Das Reh

Der Zettelkasten auf meinem Schreibtisch
Ist eine „TIME CAPSULE" mit Notizen
Und Alltags-Fundstücken aller Art.
Ein vergilbtes Kärtchen weist sich aus als
„Urlauberausweis" des „FDGB – EH – EINHEIT,[1][2]
Buckow, Straße der DSF 68-70".[3]

Ein Spuren-Relikt der „Wende"-Zeit
Im „Umland" von Berlin, dem heutigen
„Bundesland Brandenburg". Und eine
Erinnerung an eine der vielen Bauaktivitäten,
„Glücksritter"-mäßig und „Treuhand"-gesteuert.[4]

Gleichzeitig vermittelt dieses unscheinbare
Papier-Objekt aber auch die Erinnerung an die
Wiederbegegnung mit dem „Brecht-Weigel"-Haus
Im Buckow der „Märkischen Schweiz".
Jetzt ja „jederzeit" ungehindert zu „erleben".

Die See-Landschaft in der Nähe des Hauses war
Zu DDR-Zeiten ein beliebtes Erholungsgebiet.
Ein Begegnungs-Ort für Inländer und für Ausländer
Meistens aus den „sozialistischen Bruderstaaten".
„Sehr attraktiv", fanden jetzt auch die „Neuzeit"-Ausländer.

Ein Grundstück mit dem ehemaligen Erholungsheim
Des FDGB der ehemaligen DDR in diesem Gebiet
Erschien einem holländischen Investor besonders
Geeignet zu sein für den Bau und das Betreiben
Einer modernen REHA-Klinik.

50

Der Baukonzern H K - AG, der mich beschäftigte,
Hatte die Ausschreibung gewonnen. Mitarbeiter-Info:
„Vertrag OK. Mit vorbereitenden Arbeiten sofort
Beginnen. Endgültiger Baubeginn aber noch ungewiss.
Beschaffungs-Planung aber ebenfalls sofort starten."

Der Vorstand von H K war sehr begeistert von diesem
gewinnversprechenden und werbefähigen Bauprojekt.
Ich nicht. „Abwarten", dachte ich und bremste zunächst
Meine Aktivitäten, für die ich verantwortlich war.
Aber man hörte ja so viel von … Umbruch-Zeit!

Aus der REHA-KLINIK wurde nichts. Ich hatte recht.
Dem Bauherrn ging das Geld aus. Unsere „qualitäts-
Gerechten" Vorleistungen – Bäume abhauen,
Baustelle einrichten und wieder abräumen – wurden
Kaum bezahlt. Der Vertrag des „windigen Luftblasen-
Bauprojektes" wurde schnell wieder beendet.

„Schauen Sie doch mal dort nach dem rechten,
Ob da auch alles …", ordnete der Vorstand
Kleinlaut an. Und so fuhren wir im Rahmen eines
Sonntäglichen Ausfluges mit meiner Schwester C.
Nach so vielen Jahren wieder einmal nach Buckow.

Und besuchten aber natürlich zunächst einmal das
„Brecht-Weigel"-Haus. Diesmal war es sogar geöffnet.
Aus dem großräumigen Wohnzimmer mit den
Schönen Möbeln und dem Theater-Zubehör
Konnte man auf den in der Sonne glitzernden
See blicken – und auf den Zaun.

Der Enten-Kopf fehlte immer noch.
„Das Haus wird demnächst gründlich saniert",
Sagte die freundliche Museumsleiterin.
„Ob ich den Kopf zurück … ?", überlegte ich,
„Ach was, der ist ja ganz einfach nachzugießen."

„Kennen Sie die REHA-Baustelle hier im Ort?"
Keiner wusste, was wir meinten. Nur ein Punk
Mit einem feuerroten Irokesen-Haarschnitt
Und einem Anarchie-Symbol auf seiner Jacke
Grinste: „Kenn` ick jut, is gleich in der Nähe."

Der Bauzaun lag umgestürzt und zerstört.
Die alten noch vorhandenen Gebäude verwahrlost.
Alle Fenster zerschmettert, die Türen herausgerissen.
Punks hatten lange die Gebäude besetzt
Und ihre Spuren hinterlassen:

Pittoreske Graffiti überall:
„Nieder mit dem Sozialismus" und „free Hanf,"
War rot über die ganze Wand eines großen
Raumes gesprayt. „Deutschland scheiße",
Zierte den Fußboden in Schwarz-Rot-Gold.

Der Fußboden eines anderen Großraumes übersät
Mit kleinen Papierkärtchen: „Urlauberausweis".
In den Holzboden-Ritzen wuchsen grüne Gräser,
Bunte Blumen, gelber Raps und Pilzgewächse.
Und mitten in dieser verirrten Natur

Stand in der verhinderten REHA ... ein Reh.
Regungslos und ohne Scheu mit wachsam
Gespitzten Ohren. Wie zur Begrüßung.
Wir näherten uns vorsichtig.
Da sprang es flink zu der Tür hinaus.
Eine Begegnung der besonderen Art.

Wir kramten in einem anderen Raum
In den umgestürzten Schreibtischen herum.
Neugierig auf der Suche nach verlassenen
Spuren der „Einheit"-Urlauber:innen.
Und fanden eine Kladde mit rotem Schraubdeckel.

Ein „Brigade-Tagebuch", sorgfältig gestaltet
Auf dem Weg zum „hervorragenden Kollektiv
Der sozialistischen Arbeit".
Mit Notaten von interessanten Begegnungen
Der „sozialistischen Erholungs-Kultur":

Z.B. Eintragungen eines „Erholungs-Kollektivs"
Aus Russland in russischer Sprache. Liebevoll
Mit Danksagungen, Unterschriften und Zeichnungen
Versehen: Moskau-Berlin-Buckow, Adler, SED-Handschlag,[5]
Hammer und Sichel-Symbol, Eisenbahn, Flugzeug, Bus
Und Enten auf dem See. Alles wolkig eingerahmt.

Man reiste an aus Leipzig, Plauen, Jüterbog,
Frankfurt (Oder), Rüdersdorf, Magdeburg,
Berlin (Ost – damals Hauptstadt der DDR).
Und aus Prag und Budapest. Sogar aus
Paris, dem NSA: „Merci a la FDGB"[6]

Gedichte, Gedanken, Fotos, Danksagungen.
Ein sozialistisches Poesiealbum.
Vielleicht auch zu werten als ein Dokument
Des „Bitterfelder Weges" und seinem Appell
„Greif zur Feder, Kumpel". Ich nahm es mit
Und hüte es wie einen Schatz der untergegangenen
Kultur des „Arbeiter- und Bauernstaates".

In einer Ecke hing noch ein unversehrt
Gebliebener roter FDGB-Wimpel
An goldener Kordel. Auch den steckte ich ein.
Als wir nach Berlin zurückfahren wollten,
Stand plötzlich wieder das Reh in der Tür.
Abschied der Begegnung der besonderen Art.

1 FDGB (Freier Deutscher Gewerkschafts Bund)
2 EH (Erholungsheim)
3 DSF (Straße der Deutsch-Sowjetischen Freundschaft)
4 Treuhand (Treuhandanstalt / Privatisierung des „volkseigenen Ver-
  mögens" der DDR)
5 SED (Sozialistische Einheitspartei Deutschlands)
6 NSA (nichtsozialistisches Ausland)

Klaus J. Rothbarth

Brandenburger Begegnungen

Ein Lang-Poem

Teil 3

Die Du-Du-Zwerge

In der Wohnung meiner verstorbenen Schwester C.
Betrachte ich wehmütig all das an den Wänden,
Was ihren Alltag so „farbig" schmückte.
Dazu gehören auch einige von mir gemalte Bilder
Und von ihr fotografierte Meer-Strand Motive.

Und eine Farbradierung des Malerpoeten
Und Bildhauers Kurt Mühlenhaupt mit dem Titel
„Mit drei Zitronen" in leuchtend gelben Farben.
Ein Weihnachtsgeschenk von uns.
„Erinnerst du dich noch, als wir 1998 …?"

Nach dem so plötzlich und unerwarteten
„Zusammenwachsen, was zusammen gehört",
Machte das „speckige" „Umland"-Brandenburg
Viele ehemalige „West-Berliner" neugierig, Neues
Zu erkunden und neue Begegnungen zu suchen.

Zu denen gehörte auch Kurt Mühlenhaupt.
Er entschloss sich, obwohl ein Berliner Künstler
Aus Kreuzberg mit Leib und Seele und
„Nicht mehr jung", sein Atelier und seine
Legendäre Künstlerkneipe „Leierkasten "
In Berlin zu verlassen.

In Bergsdorf, einem Ortsteil von Zehdenick im Landkreis
Oberhavel schuf er auf dem ehemaligen Gutshof von 1750
Sein neues Künstlerdomizil. Ein Malerparadies.
Sehr bald auch ein Geheimtipp für viele Kunstfreunde
Aus Berlin, mal einen Ausflug dorthin zu machen.

Sein Hof wurde zu einem Ort der Hochkultur
Und zu einer Stätte der Begegnungen aller Art.
Die große Feldsteinscheune ließ er aufwendig
Herrichten für Ausstellungen auch anderer Künstler,
Konzerte, Opernaufführungen, Lesungen u.a.

Die Ortsbewohner:innen waren zunächst noch sehr
Befremdet. Mit der ländlichen Ruhe schien es vorbei
Zu sein. „Na, selbst euer Marchwitza hat doch erkannt:[1]
„Kultur ist jeder zweite Herzschlag unseres Lebens",
Beruhigte sie der „Humanist mit dem roten Hut".

Er verstand es mit seinem gemütvollen, ungeschminktem,
Nie verletzenden, authentischen, den Menschen liebevoll
Zuneigendem Wesen, ihnen ihre Ängste zu nehmen,
Sich mit ihnen anzufreunden und sie sogar mit seinen
Milieu-Kunst-Bildern vertraut zu machen: „Na, siehste!"

Unsere Tochter S. machte zusammen mit ihrem
Italienischen Freund A. im Sommer 1997 wieder einmal
Einen „Heimat"-Besuch bei uns, – sie lebte und studierte
Schon seit einigen Jahren in Italien / Florenz – um den
„Germania"-Spuren ihrer Kindheit nachzuspüren.

Sie fand nach langem Suchen in ihrem Zimmer
Ein Bilderbuch von Kurt Mühlenhaupt:
„Rüben Fische Eierkuchen" und blätterte
Verträumt darin … „Ach, Papa, weißt du noch,
Dieses Buch mit den lustigen bunten Figuren
Haben wir doch soooo oft angeschaut, nicht?"

„Auch in meinem antiautoritären „Kinderladen"
Wollten alle die Geschichte von einem Vater,
Der auf dem Berliner Wochenmarkt einen
Lebendigen Karpfen kaufte, der zu Silvester …
Und der unter Protest seines Sohnes aber
Am Leben blieb, immer wieder anschauen."

„Wir jubelten und klatschten immer, wenn er
Dann wieder in einem See schwimmen konnte.
Das gehörte sich natürlich auch so in einem
Nach der „Summerhill"-Pädagogik-geführten
Kinderladen. Lebt eigentlich der Künstler noch?"

„Natürlich, und wie! Auf seinem neuen Künstlerhof
Wird an diesem Wochenende eine Ausstellung
Von Johannes Heisig eröffnet, dem Sohn von
Bernhard Heisig. Sollen wir da mal hinfahren?
Wir waren auch noch nicht dort."

„Von diesem „alten Hof für neue Kunst" –
So die Überschrift eines „Tagesspiegel"-Artikels –
Liest und hört man ja soviel. „Gegensätze zu
Meiner Kunst ziehen mich an", sagt Mühlenhaupt.
Ist ja auch für A. historisch vielleicht interessant,
Ehemalige DDR, märkische Landschaft und so."

Nach einer anderthalbstündigen Autofahrt kamen wir
Endlich an und betraten das Hofgeviert, begrüßt von
Beglückt lächelnden Menschen, wunderlichen Tieren.
Und von grauen und bunten steinernen Zwergen,
Neben denen Kurt Mühlenhaupt stand.

„Meine „Du-Dus" und ich begrüßen euch.
Kommt herein und erfreut euch an meiner
Und der anderen Kunst", sagte er gutgelaunt
Und zog seinen roten Hut, den er stets trug.
Unseren fragenden Blick beantwortend,

Zeigte er auf die merkwürdigen Wichtel.
„Die „Du-Dus" sind die steinernen Träger
Meiner Lebensphilosophie:
Ein „Du-Du", das bist du und das bist du,
Der du bereit bist, dich anzuschließen."

„Anzuschließen wozu?", wagte ich
Den „Kiez-Künstler des Alltags", der
Auch immer als würdiger Nachfolger
Von Heinrich Zille bezeichnet wurde,
Seine „Du-Du"-Erklärung zu unterbrechen.

„Na, um die Verhältnisse wenigstens ein klein
Wenig besser und gerechter zu machen.
Und um aufzubrechen in eine heile Welt.
Deshalb entsteht von mir in jedem Sommer
Eine dieser kleinen bunten Skulpturen."

„Molto impressionante, quest`uomo intelligente"
(sehr beeindruckend, dieser kluge Mann),
Sagte A. , der in Florenz Architektur studierte
Und auch selbst Kunst- und Literatur-aktiv war.
S. hatte ihm alles übersetzt.

Wir schauten uns dann in der Feldsteinscheune
Die ausgestellten Bilder von Johannes Heisig an.
Meist finstere und verwirrte Farben und Themen.
Wahrhaftig waren das große „Gegensätze" zu den
Leuchtend farbigen Bildern von Kurt Mühlenhaupt.

S. hatte vorsorglich das Bilderbuch mitgenommen.
„Ach wie schön, mein erstes Kinder-Bilderbuch",
Freute sich „Kurtchen", wie ihn seine Freunde nannten.
„Habt ihr wohl viel gelesen, was? Ist ja schon ziemlich
Abgegriffen, und ihr habt so eure Spuren hinterlassen.
Ich mache jetzt noch ein paar neue von mir hinzu."
Und malte sorgfältig seine Signatur in das Buch.

Auch unsere Tochter G., die an der FU in Berlin[2]
Germanistik und Kunstgeschichte studierte, verband
Eine Kindheits-Erinnerung mit dem Künstler: „Sein Buch
„Das Märchen vom kleinen Herrn Moritz" muss ich mal
Demnächst in meinem alten Zimmer bei euch suchen."

Die Geschichte war von dem Dichter und Liedermacher
Wolf Biermann geschrieben, und die Menschen, Blumen,
Tiere und Dinge waren von Kurt Mühlenhaupt wunderschön
Farbig gemalt. „S. und ich haben die Geschichte so geliebt."
Sie handelte von Moritz, einem kleinen Mann mit blauem Hut.

Und weil in einem besonders eisigen Winter in Berlin
Alle Menschen deshalb so froren und immer böser
Wurden, wuchsen ihm plötzlich wunderschöne Blumen
Auf dem Kopf, unter seinem Hut: Rosen, Tulpen u.a.
Er ließ sie von den Menschen abpflücken und konnte
Sie damit wieder froh und glücklich machen.

Für die künstlerisch sehr begabte G. eine Inspirations-
Quelle. Ein großes Wand-Aquarell entstand in ihrem
Zimmer: Eine Mauer mit rankenden Rosen, Vögeln
Und Schmetterlingen. Es existiert immer noch, jetzt
In meinem Zimmer, alle Veränderungen überstehend.

G. lebte inzwischen „alternativ"-orientiert mit ihren
Freundinnen in den „angesagten" Wohnorten Berlins
Wedding, Neukölln oder Kreuzberg. In all den Bezirken,
In denen das bekannte und beliebte Berliner Original
Auch seine Milieu-Studien machte.

„Wenn ihr das nächste Mal zu dem Hof fahrt,
Komme ich mit – wenn ich da noch in Berlin bin",
Sagte G. Andere Studien-Pläne in Nijmegen /
Holland schon im Kopf. Und ein neuer Freund R.
Aus Ungarn / Budapest war ihr in Berlin begegnet,
Und ihr Leben begann sich zu verändern.

Im Frühsommer 1998 wollten wir dann also
Wieder einmal einen Ausflug nach Bergsdorf machen.
Und fragten deshalb auch meine Schwester C.: „Natürlich
Komme ich da gerne mit … nach Brandenburg, herrlich!"
Auch G. freute sich sehr auf eine Begegnung mit
dem Maler der „Moritz"-Geschichte ihrer Kindheit.

So „machten wir – R. G. C. und ich – also `rüber", wie man
Sagte, als die DDR noch existierte. Schon am frühen Morgen.
Der Himmel so blau, dass man wieder einmal begriff, warum
Unser Planet „Der Blaue" genannt wird. Ein sonniger Sonntag.
Besonders geeignet, um die Kunst im Grünen zu genießen.

Das wollten heute erstaunlicherweise wenig Besucher:innen.
Die Tiere jedenfalls hatten es dadurch aber besonders gut.
Unter Hühnern, einem Hahn, Enten und einem, vor seinen
„Damen" sich posierenden Puter mit rosarotem Hals
Stand mitten im Hof völlig ruhig ein rosiges Schwein.

„Das ist Julchen", sagte ein älterer Herr, „der eigentliche
„Star" des Hofes. Passen Sie auf, was gleich geschieht."
„Julchen" lief – wie auf ein „Einsatz-Zeichen" hin –
Zu den „Du-Du"-Zwergen, die überall auf dem Hof
Das Grün des Geländes farbig ergänzten.

„Ach, das sind also die „Du-Dus", von denen ihr
Erzählt habt. Ist wohl Poetischer Realismus", sagte G.
Fachkundig, „sie passen nicht unbedingt zum heutigen
„Zeitgeist". Vor allem nicht zu deinem Beuys´schen[3]
Kunstbegriff, Papa, aber es sind markante Skulpturen."

„Und es sind wirklich keine „Laubenpieper"-
Gartenzwerge der „gewöhnlichen Art", sondern
Auch mich sehr beeindruckende Figuren, die
Der Künstler da geschaffen hat. Irgendwie
Scheinen die sogar zu „leben", meinte auch C.

„Julchen" war inzwischen mit den „Du-Dus" beschäftigt,
Versuchte ärgerlich grunzend ein paar braune von einem
Tisch zu schubsen. Schnupperte unter Rosenstöcken,
Unter denen mehrere graue hervor spitzten. Und rieb sich
Vorsichtig an einer Gruppe von freundlichen blauen.

Von einer Schar von gelben, die Wasser in einen
See spuckten, hielt sie sich respektvoll mit Abstand fern.
Bei einem einsamen roten fand sie etwas Essbares
Und verschwand damit in einer Hecke. Eine gelungene
„Zirkus-Nummer"oder „Märchen-Inszenierung".

G. und R. hockten sich vergnügt in die Gruppe der
Blauen „Du-Dus", was diese, ihrem Gesichtsausdruck
Zufolge, sehr überraschte. C. setzte sich lieber auf
Eine Bank an einer Hecke und rief zu mir herüber:
„Schnell K., halte alles mit ein paar Fotos fest als
Eine Erinnerung an die schönen Erlebnisse hier."

Da stand plötzlich Kurt Mühlenhaupt vor uns – wir
Hatten ihn gar nicht bemerkt – und begrüßte uns
Herzlich wie alte Freunde. Da niemand mehr auf
Dem Hof zu sehen war, erhielten wir die seltene
Gelegenheit, seine grafische Werkstatt in den
Früheren Stallungen zu besuchen. Eine große Ehre!

„Ja, sagte der Maler und Grafiker, „damit öfter mal
Wat anderes los ist, als immer nur „Mathe" lernen,
„Lad` ick auch Schulklassen hier ein, um zu zeigen,
Wie man druckt. Und die sind dafür sehr dankbar.
Nun aber zu euch …" Im Drucker lag gerade
Eine Farbradierung: „mit drei Zitronen" in gelb.

„So, nun gehen wir mal `rüber zum Vorderhaus.
Zeige euch mal meine „Farbkammer", mein Atelier.
Da wohnen wir auch, meine Frau H. und ich. Ihr
Lächeln war aufrichtig: „Kaffee und Kuchen, ja?"
Wir lehnten höflich ab: „Bitte keine Umstände."

Es war ein sehr berührendes Erlebnis, zu sehen,
Wie der „nicht mehr sehr junge" Künstler in seinem
Roten Pullover und mit dem rotem Hut geradezu
„Auflebte", um uns in dem kreativen Chaos aus
Allerlei Malerei-Zubehör … und Rotwein-Flaschen

Seine Malerei, Grafiken und Zeichnungs-Entwürfe
Für neue „Du-Dus" zu präsentieren. Alte und neue
Milieu-Motive aus Kreuzberg und anderen Bezirken
Berlins: Hinterhäuser, Straßenbahnen, Straßen,
Kneipen, Märkte, Sportplätze, Schulen, Blumen,
Pflanzen, Obst, Gemüse … und vor allem Menschen.

Auch Alltags-Dinge aller Art. Aber auch zunehmend
Märkische Landschaften mit der auf ihn wirkenden
Melancholie und dörfliche Motive mit ihren Menschen.
„Ich male jeden Tag", sagte er, „jetzt eben auch
Kinder aus dem Dorf und Bauerngesichter und
Flieder. Aber auch immer noch Stadtbilder."

„Ist das der Versuch einer Annäherung an Ihre
„Neue Heimat?", fragte ich, „war bestimmt nicht
So ganz einfach für Sie und Ihre Frau, oder?"
„Na ja", sagte er und strich seinen weißen Bart.
„Ich lebte ja zeitweise auch schon in New York,
Rom, Moskau und Paris, war eben weltoffen,
wollte aber immer schnell wieder zurück."

„Ick vergleiche mich bei so einer oft gestellten
Frage dann immer mit einer Runkelrübe. Die
Steckste irgendwo in die Erde, und die wächst
Da dann einfach weiter. In Kreuzberg oder
Auch hier in Bergsdorf, jut wa?"

„Darf ich Sie auch noch etwas Kunstgeschichtliches
Fragen?", sagte G. „Nur zu, junge Dame." „Man hat
Ihnen mitunter vorgeworfen, im „Stil der zwanziger
Jahre" zu malen und somit nicht zeitgemäß zu sein,
Stimmt das?" „Darf ich fragen, ob Sie Kunstgeschichte
Studieren?" „Ja, und zwar an der FU Berlin."

„Eigentlich stimmt das nicht. Vielleicht ähnlich ist
Nur die Oberfläche, aber nicht die Seele meiner
Malerei. Bei Grosz z.B. richtete sich seine Malerei[4]
Oftmals gegen die Menschen. Bei mir nie. Bei mir
Steht der Mensch im Mittelpunkt und ist „schön",

Egal, ob er dicke Beine oder abstehende Ohren
Oder anderes hat und woher er kommt und wie
Er aussieht und woran er glaubt oder nicht.
Ob das alles zeitgemäß ist, ist mir auch egal.
Bin halt ein Humanist durch und durch."

„Übrigens haben Sie mich auch schon mal als
Junges Mädchen zu einem eigenen „Kunstwerk"
Inspiriert", führte G. das Gespräch mit ihm fort.
„Ach was, und wodurch?" G. erzählte dann von
Dem „Moritz"-Bilderbuch und ihrem Gemälde.

„Schade, dass wir es vergessen haben, das
Buch für eine Signatur von Ihnen mitzubringen."
Mühlenhaupt war sehr gerührt. „Da war vor
Einem Jahr schon mal eine junge Dame da,
Mit ihrem Freund aus Italien, glaube ich."

„Auch sie hatte eine ganz besondere Beziehung zu
Einem Buch von mir. Eine „Karpfen"-Geschichte."
„Ja, das wissen wir, das waren nämlich wir mit
Unserer anderen Tochter S.", lachte R. „Na, was
Für eine tolle Familiengeschichte. Bilderbuch-reif."

„Sehr schade auch, dass dein ungarischer Freund R.
Nicht mitkommen konnte. Die „Julchen"- „Du-Du"-
Performance hätte ihm bestimmt gefallen. Als Biologe
Und Tierfreund. Das hätte ihm sicherlich viel Stoff für
Seine skurrilen Zeichnungen gegeben", sagte R.

„Na, ihr seid vielleicht eine tolle kreative und
Multi-kulturelle Familie! Kommt mal bald wieder vorbei.
Hier ist immer was los bei uns. Neulich war sogar
Ein Araber aus dem Irak / Basrah hier und ..."
„Basrah?", kenn` ich, da war ich ..." R. blickte
Warnend zu mir `rüber: „Lass` es. Wir müssen
Auch sowieso langsam zurückfahren."

Frau H. kam herein und bemerkte den Blick
Von R. „Ja, auch mein Mann ist ein großer
Erzähler. Malen und reden sind für ihn
Ein- und dasselbe. Manchmal ist er kaum
Zu stoppen." „Au ja, das kenn` ich auch gut."

Meine Schwester C. war die ganze Zeit so
Ungewöhnlich still, nachdenklich und versonnen
Gewesen. Sie bedankte sich für die interessante
Begegnung: „Vieles hat mich so an den Gutshof
Meines Großvaters in Pommern erinnert."

„Die Tiere, vor allem der Puter. So einen hatten
Wir dort auch, der eifersüchtig jeden bedrohte,
Der sich seinem „Harem" näherte. Das durfte nur
Mein Großvater. Die Gebäude, das ganze Anwesen,
Die Gerüche und Düfte hier … ein schönes Erlebnis."

„Kurtchen" Mühlenhaupt begleitete uns zum Tor.
„Vielleicht sehe ich euch ja mal wieder. Eure ganze
Familie würde ich gern mal malen. Bleibt gesund
Und grüßt meine „Alte Heimat" Berlin." Sah ich
Einen der blauen „Du-Dus" am Tor grinsen?
Dann gingen hinaus aus dieser „Heilen Welt"
Und „Kunst-Idylle" in der märkischen Landschaft.

Die beiden Bilderbücher haben wir viele Jahre
Später auch mit unseren Enkelkindern M. und À.
Und G. und R. angeschaut und ihnen von dem
Maler erzählt. Fotos und Video-Filme zeigten,
Dass es ihn und seinen Hof wirklich gegeben hatte.

„Den „Herrn Moritz" und den „Karpfen" auch?",
Fragten sie dann listig lächelnd. „Na ja", sagte
Ich nur und ließ die Frage offen, um ihre
Geheimnisvolle Märchen-„Wirklichkeit" nicht
Zu stören. Den Hof aber gab es nicht mehr.

1 H.M. (Hans Marchwitza, Arbeiter-Dichter der DDR)
2 FU (Freie Universität Berlin)
3 Joseph Beuys (bedeutendster deutscher Aktionskünstler, Bildhauer, Zeich-
ner und Kunsttheoretiker des 20. Jahrhunderts / „Erweiterter Kunstbe-
griff")
4 George Grosz (Deutsch-amerikanischer Maler, Grafiker und Karikaturist
der 20er Jahre / Stil der „Neuen Sachlichkeit")

Marija Peric

Für dich

Deine Augen,
zwei tiefe Ozeane, schauen zu mir.
Dein Haar so weich und blond...
Wie schaut dein Mund aus, frage ich mich.
Wie schmeckt er wohl?

Die FFP2-Maske wie ein Schild
In deinem Gesicht
In meinem Gesicht
Nur die Augen können sprechen.

Auch unsere Körper könnten
einander viel erzählen.
Dein Körper bewegt sich rhythmisch
wie ein Blatt im Wind.

Wenn ich dich sehe,
ist mein ganzes Wesen ein Vulkan,
der ausbrechen will.

Ich will DICH! Will dich ganz für mich!
Mich an dich werfen und dich an mich drücken!
Deine Augen zwei tiefe Ozeane.

Was spürst du, wenn du mich siehst?
Spürst du einen Strom durch deinen Körper?
Kommt ein Blitz? Sind alle deine Muskeln in Position?
Dein Herz? Dein Verstand? Deine Seele?

Willst du in mir verweilen? Nur ein bisschen?
Deine Augen zwei tiefe Ozeane...

Marija Peric

Die Apokalypse

Das Weltende.
Das Ende der Welt.
Der Welt. Das Ende.

Die Welt geht unter.
Die weinenden Meschen.
Die Augen. Die Augen
schauen zum Himmel.
Gibt es ihn dann noch?

Der Löwe liegt friedlich im Gras
Im Gras. Im Gras.
Alle sind Pflanzenfresser.
Niemand muss sterben.
Kein Tier.

Haben die Pflanzen eine Seele?
Nur die Tiere? Haben sie?
Alle fressen das Gras.
Das Gras. Das Graaas.

Das Chaos will alles verschlingen.
Will. Wird. Will?

Warum?
Warum eigentlich nicht?

Marija Peric

Zurück zur Mama

Wenn mich niemand versteht,
gehe ich zur Mama.

Ich setze mich an den Tisch,
sie gibt mir das Essen
und fragt nichts.

Ich sage auch nichts,
dafür ist nie Zeit.

Ihre Augen strahlen,
weil sie mich sehen.
Sie kann über alles lachen.

Durch ihre Augen gesehen,
werden meine Probleme kleiner
und kleiner…

Ich muss gehen!

Ihr Blick gibt mir den Halt:
„Du machst das schon,
Ärger dich nicht zu viel."

Sie sagt nichts.

Das ganz Leben hat sie in der Tasche.
Alles erlebt, gekostet und vieles ausgespuckt.

Die Welt ist korrupt
und Wien ist nicht anders.

Marija Peric

Ja, Herr Chef!

Ja, Herr Chef!
Ich werde mich bemühen,
anders zu sein,
wie alle anderen.

Ja, Herr Chef,
ich werde auch am Sonntag arbeiten,
werde mich bessern,
das verspreche ich.

Ja, Herr Chef
Ich werde mich bemühen,
NUR zuzuhören,
Schweigen ist Gold.

Ja, Herr Chef,
verzeihen Sie,
dass ich mich beklagt habe,
alles wird sich ändern.

Ja, Herr Chef,
die Kollegen können mich ruhig anschreien,
ich bin ja so jung und unerfahren.
Wie sollen sie sonst mit mir umgehen?

Recht haben Sie,
die jungen Mitarbeiter sind so wählerisch
und denken nur an sich.
Es tut mir leid.

Ja, Herr Chef,
ich werde meine Kinder
zur Adoption freigeben.
Ja, das mache ich.

Dann bin ich ganz flexibel
und kann mich auf die Arbeit konzentrieren,
die Arbeit ist ganz wichtig.
Ganz wichtig.

Ja, Herr Chef,
verzeihen Sie, dass ich
ein Gehalt verlangt habe,
das kommt nicht mehr vor.

Ja, Herr Chef,
ich verspreche,
ich werde ganz anders sein.

Und Sie können mich
immer noch kündigen,
wann immer Sie wollen.

Ist das nicht wunderbar?

Andreas Holler

Seelenblick

Das Leben rot, grün ist aus,
weinend blicke ich beim Fenster raus.
Wo sind die schönen Dinge geblieben?
Bleib ich allein oder wird man mich lieben?
Wäre alles grün, könnte ich siegen.
Überall Hass zwischen all den Dieben.
Ich blicke raus, wünschte ich könnte fliegen.
Einfach los und ins Grüne abbiegen.
Wo bleibt das Grün in meinem Leben?
Gott gibt es dich? Wo ist dein Segen.
Ich kenne nur Kummer und Leid, Herzbeben.
Warum nicht ein bisschen Grün auf meine Schulter legen.
Im Leben oft gefallen, oft fast aufgegeben.

Ein Blick aus meinem Fenster, Feuer, Hochwasser und Erdbeben.
Die Welt traurig, es muß mehr Grün geben.
Mein Herz grau, Liebe verblasst.
Oft gefragt, wann hab ichs geschafft.
Keine Antwort bekommen, viele Träume zerronnen,
immer wieder bei Null begonnen, nie gewonnen.
Eine Welt voller Trauer und Hass.
Ich blicke aus meinem Fenster, denke krass.
Lieber Gott schenk uns ein wenig Grün,
der Hass würde verschwinden und die Liebe blühen,
die Trauer würde trocknen, das Herz wieder glühen.
Um das zu schaffen, müssen sich alle bemühen.
Denkt an meine Worte, werdet einer der guten Sorte.

Josefine A. Biallas

Wirbelnder Ozean

Deine Augen wie der Ozean,
Fallen in den Abgrund deiner flackernden Zuneigung.
So schön das Aufblitzen im unendlichen Blau,
Wie ein Strom, der mich hinunter zieht ins funkelnd fließende Grau.

Wellen von dir, brechen an meiner Küste –
Eine Welle zieht sich zurück,
Ebnet den Weg für die Kraft der nächsten.
Überfließend, halte meinen Atem an.
Meer aus dir – tosend.

Dein Duft eine Wand aus Lieblichkeit,
Und deine Wärme, der Anfang für mich.

Ich weiss es schon, dass du nicht kannst,
Nicht das gleiche fühlen kannst, für mich.
Doch es ist so wahrhaftig,
Die Art wie ich fühle, für dich.

Kein Schmerz in dem Gefühl – wunderbar unaufhaltsam – zu fühlen:
Den wirbelnden Ozean.

Josefine A. Biallas

Mein Herz, dein Rhythmus

Herz schlägt, schlägt in deinem Rhythmus.
Der Rhythmus den mein Herz für deinen hält.
Doch kannst du nicht in meinem Rhythmus sein.
Wie gerne wäre ich dein.
Alles nur in meiner Vorstellung, in meiner Welt.

Doch waren wir kurz und wunderschön zusammen in einer Welt,
In deiner Welt und meiner Welt und in deinem Rhythmus.
Dein Herz in meinem Rhythmus –
Vielleicht wärst du auch gerne mein.
Wie kannst du nur so sein?

So schön bist du in meiner Erinnerung:
Weiche Wärme schwingt im tiefen Blau,
Glitzernder Verstand in sanften Weiten,
Über tausend Lichtern, die in dir leuchten silbern-grau,
Strahlen, und meine Gedanken zu dir leiten.

Möchte den Moment immer bei mir halten,
Aber kann nicht warten im Dunkeln,
Auf dich und dein Herz.
Will meine Zeit nicht verschwenden,
Kann mein Warten nicht beenden.

So schwer die Hoffnung,
So leicht die Einsicht.
Die Einsicht, dass deines nicht für meines schlägt.
Oder doch? – Möglichkeiten.
Kann mein Herz deinen Rhythmus erlernen?

Herz schlägt, schlägt in meinem Rhythmus.
Schlägt für dich.

Josefine A. Biallas

Herbstgedanken an einen Koala

Dunkelgelbe Blätter segeln hinab,
Säumen den Weg vor mir,
Mischen sich in das schwere Gefühl, das du hinterlassen hast.
Die letzten warmen Herbsttage,
Sonne strahlt über dem kalten Wasserspiegel.
Ein wunderschöner Gegensatz.

In einem richtigen Moment würd' ich gern die Worte finden.
Die Worte, die dich zu mir bringen.
Doch all die Worte, die mir auf der Zunge liegen,
Und in meinem Herzen schwer wiegen,
Verlieren ihre Bedeutung in meinen Gedanken an dich.

Gern würd' ich die Worte finden,
Die Worte, die mir selber helfen,
Helfen zu sehen, warum deine Gedanken,
Nicht zu meinen Worten passen.

Die orange-braunen Blätter schweben im Wind zu meinen Füßen,
Und ich frage mich;
Wie viele Menschen diese Blätter haben schweben sehen,
In Gedanken an Menschen, die ihr Herz bewegen?

Ein Strom von Hoffnung und Enttäuschung,
Zuneigung und Unvermögen,
Eine Welt im kleinsten Kreise,
Weit und nah zugleich.

All' das im Hinuntergleiten der Blätter - leise,
Still, wie auch du.

Josefine A. Biallas

So fühlen, wie ich

Auf der anderen Seite muss es gut aussehen,
Keine Gedanken an dich und mich,
Keine Erinnerungen an mich, die dich bewegen,
Die sich legen,
Auf dein Herz wie ein Gewicht.

Schön muss es sein, die Wahl zu haben,
Zwischen dem was ist und dem was sein kann,
Zu wissen, wann.
So läuft die Zeit dahin und du gehst immer weiter fort,
Hinterlässt nur Chaos an dem Ort,
Dem Ort an dem du mich hast stehen lassen.

Ich muss warten, wie eine Reisende auf ihren Zug,
Doch weiss ich nicht, wohin er mich führt,
Ob dein Weg meinen Weg noch einmal berührt.
Schön muss es sein, die Kontrolle zu haben.

Auf der anderen Seite muss es gut aussehen,
Du musst mich nicht vermissen,
Nicht versuchen, zu entwissen,
Was mich für dich (nicht) wertvoll macht.
Kannst vergessen, dass du etwas an mir wolltest,
Unbedingt – für eine Nacht.

Auf der anderen Seite muss es gut aussehen,
Denn du siehst nur dich,
Und musst nicht fühlen, so wie ich.

Vanessa Boecking

Unausgesprochene Worte

Von dem Tag, an dem ich dich sah,
wünsche ich mir, ich wäre dir nah.

Dimensionen trennen uns.
Mit dir zu reden ist eine Kunst.
Könnt ich doch gewinnen deine Gunst.
Vielleicht bleibt es ein Herzenswunsch?

Mein Problem? Das eigene Wort!
Kaum gedacht, schon schwebt es fort.
Hinfort an einen geheimen Ort.
Weiter für Unruhe in mir sorgt.

Ich habe diese Situation so satt.
Sie macht mich manchmal leer und matt,
drum bringe ich unausgesprochenes zu Blatt.

Herzensmensch hör bitte zu!
Ich möchte dir nun folgendes sagen:

Du allein lässt mein Herz schnell schlagen.
In deiner Nähe wird mir flau im Magen.
Die Knie fangen an zu schlottern,
manchmal beginne ich zu stottern.
Jedes Wort an dich klingt nur dumm,
deswegen bleib ich nach außen stumm.
Ich kann nicht wissen, was du über mich denkst,
ich kann nur hoffen, dass du mir dein Herz schenkst.

Manchmal sehe ich dich in einem schönen Traum,
darin bin ich mit dir alleine in einem Raum.
Im Traum genieße ich jede Sekunde mit dir,
doch am Tag bringe ich diese Träume nur zu Papier.

Ich denke stets an dich und kann es nicht in Worte fassen.
In deiner Nähe fühle ich mich hilflos und alleine gelassen.
In deiner Nähe ist mein Wort wie ein Messer aus Luft.
Es lässt nur größer werden unsere Kluft.
Sehe ich dann andere belanglos mit dir reden,
fängt mein Herz aus Traurigkeit an zu beben.

Sollte ich es irgendwann endlich wagen,
dir die ganze Wahrheit über meine Gefühle zu sagen,
hoffe ich dich zu fragen,
ob du empfindest ebenso?
Wenn ja, wäre ich darüber sehr froh!

Linda Kleinsorge

Spannend still

In mir tanzt ein Gedicht,
doch kein Wort will kommen.
Meine Stille aber streichelt das Ungesagte.
Dabei möchte ich doch immer Worte haben, Dinge sagen.
Und nun ist mein Erzählen still geworden vor dir,
und ich lasse deine Geschichte mein Schweigen streicheln,
bis es lächelt, unweigerlich.

Deine Worte sind Pinsel geworden.
Du malst mit ihnen mein Seelenwandern.
Inne hält es und betrachtet all dein Gesicht, neben mir.
Deine Wärme berührt mich wie ein sanfter Abendhauch,
umarmt mich, wie eine Decke,
die man in liebende Hände verwandelt hat.

Und hier ist dein Lächeln, dass mich Blume nennt.
Ich blühe, ich dufte,
ich strecke mich aufrecht in die Höhe und schwebe,
ganz einfach nur ich,
die ich neben dir sitze und dir zuhöre.
Deine Nähe hat ein Paradies gezaubert.

Marko Ferst

Helle Mondnacht:
60. Breitengrad

Gemauerter Balkon
über Ahorn- und Birkenschirmen
jetzt sichtbar
ganz voll, der Mond
zwischen zwei weißen Ziegeltürmen
behauste Quartiere
Drähte von Dach zu Dach
die ihn umgarnen
unter Blätterwogen
tief unten
der Pfad behellt

Hier duftet der Flieder
noch am Julianfang
Kronenspitzen, Blätter
Schattenspiele
an Zimmerwänden
Hände auf Haut
Küsse hinter Gardinen
einzelne Fenster halten vor
das Licht
bis die Nacht
erste Morgenstreifen empfängt

Sankt Petersburg, Juli 2017

Marko Ferst

Jongleure

Mit vier gelben Flaggen
auf seinem Dach
längst ohne Attraktionen
das hohe Zirkuszelt in Rot
auf einmal verschwunden
in einem nächsten Jahr

Neu aufgestellt
an diesem Platz
Geschütze und Panzer
eine Allee der Helden
präsentiert den großen 45er Sieg
Schautafeln berichten
goldener Kranz
mit orange-schwarz gestreiftem Band
auf steinernem Plateau
Bänke verziert
mit der Inschrift: победа
stilisiert
Hammer und Sichel
auf sowjetischem Fahnenrot

Am 21. Januar
alles schneebedeckt
demonstriert davor eine Schar
munterer, älterer Leute
Transparent aufgespannt
sie fordern
eine neue Revolution
so übersetze ich
nur ein Milizionär
kontrolliert lässig
jene Aufständischen
beim Fototermin

Erst später begreife ich
ach, Lenins Todestag!

Meine Freundin frage ich -
wo ist der Zirkus hin?
die Artisten treten auf
jetzt in festem Quartier
ein paar Straßen weiter

Набережные Челны, Winter 2017

Marko Ferst

Leuchtspuren

Von der Gravitation
etwas losgelöst
das Licht trägt sich selbst
fort von den
metallenen Bodenkämpfen
Aufstieg wagen
Widerstände verblassen
immer mehr dort
als hier sein
die Seite wechseln
so oft es geht
und trotzdem eintreten
für das was ansteht
zwischen Licht und Erde

Marko Ferst

Sommernacht

Über dem Flußtal
der hohe Gelbe
nach seiner Fahrt
als Schattenriß
Umarmungen
Wiesenstille

Ins Maisfeld
wo gewöhnlich
nur schwarze Rüsselnasen
dem Paradies nahe
dorthin hat
es uns verschlagen
in eine Schneise
breit genug
Zelt des Himmels
und Tücher der Lust

Immer noch
wärmt der Tag
die Nachtseite
Blicke, Tasten und Küsse
an den Uferbaum
lehnen wir uns
nackt

Marko Ferst

Dünne Landzunge

Gespannt
über die ganze Meeresbucht
eine Lichtbrücke
heller Spiegelmond
von Hel nach Sopot
urplötzlich erlischt sie
Wolkenbänder
künden von
Regenzeichen

Auf läuft
weißer Küstenschaum
himmelwärts züngelt
Kiefernschwarz
windgeschützt
am alten Bunker
Feuerscheite
umringt von jungen Leuten
Nachtzüge poltern
wie Geister
ans Landsende

Ein dünnes Nadelöhr
liefert Surfer und Schwimmer
Motorflieger verknattern
den Himmel
Starten und Landen
auf kurzer Piste
Campingwagen
dicht an dicht
fast wie gestapelt
Soldaten
militärische Relikte
tanzende Bäume
Umtrunk beim Sturm

Einst Inseln
Dünenzüge
anlandender Sand
im Schliff
von Meer und Wind
Durchbrüche sind datiert
34 Kilometer Landsteg
mit verdicktem Ende
untergegangenes Wiesenland

Ein roter Lichtturm
bietet Rundumblick
Kegelrobben
aus der Zuchtstation
im slovinzischen Nationalpark
ausgewildert
Köpfe tauchen
aus den Wellenlinien
immer mal wieder
ziehen Fischernetze
falschen Fang

Marko Ferst

Unterwegs im Vessertal

Hölzerne Berggeister
tragen grüne Gewänder teils
der Zunderschwamm lächelt
feine Wolkenspiralen
steigen aus den Hängen hinauf
Buchenwurzeln

Rote Säbel auf Beutesuche
schwarze Flügel spannen weit auf
Abflug über Häuserfirste hinweg
Wasser über Steine strudelt
violette Glockenreiche
an Wiesenrändern

In der Hügelszenerie
dunkle Flecke vereinzelt
grüne Nadeln wie Teppiche
versiegte Nährsäfte
wo der Buchdrucker
seine Schriftzüge ritzt
eine Hangkoppel
Pferde grasen

Trotz Wasserlauf
ein Wegzeichen täuschte
verkehrt abgebogen zwischen
all den Waldketten und Fließen
martialische Abdrücke
Zugriff für die Baumernte
Stämme gestapelt
für die Fahrt zur Säge

Feuchte überall
noch gibt es Weißtannen
Blick ins Land von oben
am Abend endlich
ein kurzer Durchbruch
für Strahlen

Marko Ferst

Haiku

Kalmare leuchten
Spülsaum am Ozeanstrand
blau verglimmt ihr Licht

Marko Ferst

Jüterboger Impressionen

Im Spiegel des Bocks
Müntzer predigte hier
38 Türme wachten
einige stehen noch
Stadtmauerreste
Damm- und Neumarkter Tor
der Autostrom weicht aus
vieles 15. Jahrhundert
das Mönchenkloster gerettet
heute Ort für Bücherfreunde
nach Zinna läßt sich
noch altes Gemäuer passieren
Ablaßbriefe verkaufte Tetzel

3 Uhr 15 Wecken
klösterliche Gesänge
Gottesgemäuer aus Feldstein
beten und arbeiten
in festen Rhythmen
Kreuzgänge nur noch zu erahnen
zwei Mahlzeiten 11 und 18 Uhr
asketische Traditionen
wider den Konsumismus
jedoch Besitzungen
weit über brandenburgisches
Gebiet verstreut
Zinnaer Klosterbruder destilliert
20 Uhr Nachtruhe

Feldschlag für Feldschlag
erobert der Mais die Regionen
Fruchtwechsel womöglich unbekannt
unersättlicher Bedarf obsiegt
Münzen und Scheine
die irgendwann heimgezahlt werden
abgezogene Garnisonen
jetzt breitet ihre Flügel
die Wildnis über wundgeschlagene
militärische Flächen, Munitionsreste
Skater bekurven Dämme
die einst Bahngleisen
zugehörig waren
verrückte Politiker
betonieren eine neue Autobahn
von der Hauptstadt
durch Wald und Feld
dunkel bleibt der Sinn
der Jüterborger Keule

Marko Ferst

Flußdelta

Über unförmige Wasserrinnen
pfeilen Schwanenzüge
wie Herden ziehen
Wildgänse und Enten
zwischen Graureiherstelzen
grellroter Brandgansschnabel
im Okular
auf freigegebenem Flußgrund
Überbleibsel einer Raubtiermahlzeit
im Winter füllt sich das Delta
das Wasser erklimmt
die wenigen Pappeln und Weiden
Grasweiten mutieren
zum Fischdomizil

Marko Ferst

Schaukelpferd

Mit dir in die Welt
immer mehr verblichen

Verstummt
sind sie noch nicht
die ersten Erinnerungen
Menschenkind
das jeder einmal war
die Zeugen

Waldtheater mit Lutscherfiguren
der erste Wespenstich
verkleideter Prinz
der lieber den Backofen
als Brot ausprobieren wollte
statt den Prinzen zu spielen
wie man mit dem Roller ausbüchste
der Kamerad im Kindergarten

Oder ist es schon
die Erinnerung an die Erinnerung?

Schaukelpferd
hausbodenverstaubt
hier liegst du vor mir
zersägt in Stücke
soll dich verheizen
ein Blick aus
einem ganz frühem Leben
ein Abschied

Auch Schaukelpferde
können aussterben

Marko Ferst

Dämmerlicht

Geister patrouillieren
durch russische Straßen
Ivan der Schreckliche
flüstert aus seinem Grab
neu seine schwarze Statue in Orel
ein Wiedergänger ist unterwegs
staatsterroristische Obsessionen
von den Seelen der Toten
berichtet der Untergrund
Ostukraine, Syrien, Tschetschenien
etwas steht vor Putins
goldenem Tor
Bolzspiel mit Totenköpfen
Mephistopheles lächelt:
Komm mein Lieber
es ist Zeit!

Die weiße Revolution
geht weiter
verspritzt von Bütteln
hilft manchmal
auch grüne Giftfarbe:
Nawalny filmte
Medwedjews Kleptomanie
immer neue Lagerstätten
an berechnendem Hinterhalt
Stalin tanzt wieder
mitten unter den Menschen
inszenierte Gaukelbilder der Macht
gewaltige Schraubzwingen
nur gleißendes Licht hilft
gegen solche Pranken

Wird der nächste Präsident
die Krim an die Ukraine
zurückerstatten
aus der Geiselhaft entlassen
den ukrainischen Donbas?
russische Bomber über Alaska
Schweden, Kurs über der Nordsee
pokern mit roten Knöpfen
noch Mutproben gefällig?
Diktionen eines
verhaltensgestörten Rowdys
niemand weiß
ob das Baltikum oder Mariupol
nicht doch als Menü
serviert wird
Kaliningrader Raketensinfonie

Politowskaja, Litwinenko, Nemzow
die lange Reihe von Attentaten
Polonium im Staatsschlußverkauf
Märchenkunde als Ermittlung
alles ohne Hintermänner
Geschichtsbücher haben Preisklassen
es gab schon öfter mal
Fetischismus für Staatsgeheime
man spiele sie durch
die rumänischen Impressionen
Ceausescus letzter Rausch
Logik der inneren Konfrontation
die Zeitungen würden berichten:
Schnellverfahren gegen Putin
Militärgericht verurteilt
Expräsident erschossen
nur das Schicksal öffnet Türen

Vielleicht reicht einst
die Europäische Union
bis Wladiwostok
obrigkeitsstaatlicher Geist
mit Staffage-Demokratie
ist auch für Brüssel kein Gesetz
Bataillone der russischen Vernunft
zwingt es herbei
Geschwüre, Oligarchie und Korruption
herauszuschneiden
Traditionen sind Henkersmahlzeiten
soziale und ökologische
Kilometersteine wollen gesetzt sein
Abrüstung muß
von Moskau über Berlin
auch Washington erfassen
Menschenbrücken
zwischen Europa und Rußland
ein Bogen, ein Fest, ein Kunstwerk
das freundliche Wort mit Gewicht
eine Lektion von jenen
die „jeglichen Anstand verloren hätten"
attestiert ein Demonstrant
vor der Kamera

(geschrieben März bis Mai 2017)

Marko Ferst

Bangladesch

Da kommen sie immer wieder
reißen ihren Schlund auf
schlingen den Boden
fruchtbare Krume
jene Meeresfluten
zehren an Blech und Hütten
dringen immer tiefer
mit ihrem verderbenden Salz

Da kommen sie immer wieder
die Angststände steigender Pegel
es zerbricht und schlingt Menschen
die Tage des Reis sind gezählt
und es fehlt der eigene Grund
jenseits von Flachzonen
die ein Versprechen sein könnten
stattdessen diktieren Abbrüche
aus allen Poren dringt Armut
mehr als je zuvor

Noch lassen sich
die Schuldtitel nicht einklagen
in Deutschland, Amerika, Frankreich
China oder anderswo
in den Sündenpfuhlen
den Brutstätten steigender Wasser
jenen Ländern
die jedes Gericht
und jede Gerechtigkeit
zu purem Gespött machen

Es kommt Rat, Flut
und großes Schweigen

Beate Loraine Bauer

Heute Report

In einer Demokratie
sollten Menschen respektvoll faire Wege
finden mit ihren unterschiedlichen Meinungen
umzugehen.
In Gesprächen oder Diskussionen,
vor allem aber dürfen Meinungsverschiedenheiten
nicht zu tiefen Gesellschaftsgräben führen.

Betroffenheit erzeugt es – wenn bei
einer Demo ein Stein geworfen wird
auf eine Sanitäterin…

Hallo – was ist da bitte los?!?

Sie steht bereit um dir – mir – uns zu helfen!

Was für einen Grad hat es bitte schön erreicht?

Klärendes oder umgängliches Miteinander
sieht doch gänzlich anders aus.

Viele Menschen sind unzufrieden über die
Pandemie-Phase. Jede/r möchte doch gesund sein.
Jede/r informiert sich – einige zu viel – anderes
wird nicht auf Richtigkeit überprüft.

Doch all die Nachrichten – News und kursierenden Gerüchte
die „man" konsumiert – bewirken bewusst wie unbewusst
etwas in unserem Dasein.
Bestimmen Denken – Gefühle – Entscheidungen – Handlungen
deutlich mit.

Einen anderen Standpunkt einzunehmen –
bedeutet doch nicht gleich zwischenmenschliche Gräben zu ziehen.
Aggressionen oder Gewalt einfließen zu lassen.
Es geht doch um sachliche Differenzen…oder?!

Driften wir da so weit voneinander ab
in andere – befremdliche – ja nicht mehr überbrückbare
Handlungsfelder ab,
das wir Würde – Respekt – Friedlichkeit
keinen wahren aktiven Gegenwartsatem
an Erfahrung offen gewähren?

Vielleicht hat uns der Virus
an einer ganz anderen Menschen-Seelen-Herz-Stelle
getroffen – wo kein Impfstoff,
sondern eher bewusste Liebe, Reflektion, Zufriedenheit –
ja Dankbarkeit
wie Erkennen von vernünftig verfügbaren Chancen
heilsamen Genesungsprozess
realisieren könnten.

Entscheidest du dich für eine Gesundung
die Körper- wie Miteinanderebenen fördert?

Beate Loraine Bauer

Es war einmal

Es war einmal
NEIN
es ist eine so andere Zeit
die uns Menschen beeinflusst
oder wir sie
Sehen nicht das Lächeln in den Augen
des Gegenübers
sind konzentriert auf Maske
blicken vorbei

Verabschieden uns still
von einigen liebgewonnenen
Alltags- wie Erlebnisbildern.
Fühlen wie Begegnungen

wie Umarmungen -
ja die geteilte Freude
des Miteinander Spuren
im Innersten merklich hinterlassen.

Wo Gespräche neue Inhalte erhalten
Unterschiedliche Meinungen
Distanz wie Gräben ziehen
zwischen Freunden und Familie
Wortbewaffnet

Verständnisbrücken wenig Gegenwartslicht erleben
Veränderungen beim Einzelnen im Verhalten
fordernde wie schattenbesetzte Situationen hervorrufen
Zwischen unseren Gezeitenblättern von Sein
im Suchen wie Finden
im Fragen wie Beantworten

Vielleicht wünschenswerter positivere –
heilsamere und liebevollere Gedankenvögel
und Gefühlsenergien ins Wir einfließen lassen
Weil all das einen wichtigen Anteil fürs Ganze
mit nährt und gestaltet

Im bewussten Erkennen wie wunderbar und
einzigartig das Geschenk – Wunder – LEBEN ist.
Was es bedeutet!

Wie wir es gerade in schwierigen Phasen
mit Freudenblüten – Glücksmomenten – Zufriedenheitsfeldern
zur Dankbarkeit tief drin im Seelenherzen verbinden.

Unsere Seelenatemreise in diesem Körperzuhause
möge noch schöne sinnige Weltenhorizonte entdecken.
Neue Wegesspuren gehen – um das Selbst wie das Dasein
besonders zu erfüllen – berühren – vervollkommnen.

Weil – alles möglich ist – wenn wir jetzt
dazu akzeptierend bereit dafür sind.

Sei es Dir und Deinem Leben WERT –
empfinde die unendlich verfügbare Herzquelle
wie Vertrauen und Zuversicht
die dich dabei stark und aktiv führen!

Gedanke:
Trägt die Natur eine schützende Maske gegen uns Menschen?
Die agieren, als würde es im nächsten Supermarkt
ein Ersatzprodukt im Sonderpreis geben?
Ungleichgewichte von Mutter Erde
zeigen direkte Auswirkungen auf uns –
spiegeln still nachhaltig die Ergebnisse humanen Handels

Wir wünschen uns heilsamen Wandel von/durch andere?!
I r g e n d w a n n …
Sei im Ich und Du das entstehende Wir
verantwortliche Entfaltungsweisheit
die real im Heute
Saat – Gärtner – Heger – Richtungsgeber-Atemerfüller – Begleiter
fürs übergebend noch nicht geborene Morgen…

Nicht in es war einmal,
sondern exakt in dem was chancenreich nun möglich ist durch uns!

Beate Loraine Bauer

Zwischen der Zeit

Zwischen
Tagen und Nächten
wandert die Zeit
mit unserem Atem
über die Welt wie innere Horizonte.
Manch gegenwärtiges
was uns bewegt – betrübt wie auf
Auflösung wartet
verweht als bereits verblasste Vergangenheit
Findet im Wandel von was war, ins ist nicht mehr
Heilung oder Segen.
Säen dabei Erkenntnisfelder, die weise nähren.
Das Daseinsbuch eröffnet neue Möglichkeitsseiten.
Zufälle – Sinninhalte – Freudenblüten –
Spurenziele,
ja alles was verfügbar
vielleicht kommen kann,
ist noch im Entdeckungsnebel von Sein.
Feine Lichtstrahlen von Träumen – Visionen – Wünschen
leuchten hinein,
wirken still bewusst mit ein.
Seien wir gelassen
in unserer Erwartungsentfaltung,
schöpfen wir deutlicher Vertrauen wie Geborgenheit
in der Liebe von Gott,
die unsere Seelenatemreise
von Zeit – Universum – Unendlichkeit
wunderbar
getragen – begleitet – erfüllt – vervollkommnet.

Beate Loraine Bauer

Lebenswortendlichkeit

Dich suchen
und doch zuinnerst tief im Seelengrunde
wissend,
dass du mich unendlich liebevoll verstehend
begleitest
Ich finde
Dich in jedem einzelnen Atemzug
Im Lernen
wer ich bin
was Lebensreise sinnig herzlich bedeutet
Das Liebe – Frieden – Zufriedenheit
aktiv Erlebniszeit dankbar entwickeln dürfen
Wo ich zeitweise etwas wage –
für mich – Mitmenschen oder eine Gemeinschaftssache.
Ja – wo Respekt – Würde – Akzeptanz
klares Meinungsrückgrat
verlangen
Ohne Beifall heischen –
rein für die pure Saat wie nachhegen
auf das im noch nicht geschenkten Morgen
erhebliches BESSER ist
Ich möchte in deinen Spuren wandern –
spüre wann und wie ich auf mich selbst geworfen werde …
Stilles in mich hören
sensibles Begreifen Gegenwart gewinnt
Heilsameres Verändern wirksames Potenzial bejaht.
Das Welten hier und jetzt
beglückend mutige Endlichkeitslichter erfahren
In dem wie Träume und Wünsche
vertrauend deine geöffnete Hand füllen
– du mir zeigst
was alles möglich ist.
Fürs Ich und Du
unserem vollständig wachsenden Wir
in Liebe und Frieden.

Beate Loraine Bauer

Gäbe – gibt

Wie oft
träumen oder wünschen wir uns etwas?
Sehnen herbei…
Und doch bremsen wir uns
unbewusst oft am meisten selbst aus!
Durch leise bremsendes Wispern –
Erlebnisse oder Erfahrungen,
die uns weismachen wollen
das geht für dich nicht…
Warum?
Gäbe
es einen Ozean voller Möglichkeiten,
gibt es bestimmt mindestens eine Erfüllungswelle
rein für uns!
Gäbe
es Möglichkeiten wie Sand am Meer,
gibt es unendlich verfügbare Chancen,
die auf unsere offene Akzeptanz treffen mögen.

Gäbe
es keine unserer Träume oder Wünsche
wie würde unser Seelenherz und Welt aussehen?
Gibt es reale Resonanz an Umsetzung,
wenn wir sie aktiv anregen und ergreifen.

Gibt
kunterbunte – kreative – atemreiche – beglückende –
zu schöpfende Freudenvielfalt
das Dasein wie Alltag wunderbar anreichert,
trägt wunderbar bei
zu Begegnungen – Horizonterweiterungen – Grenzüberwindungen -
Zufriedenheitsfeldern – Friedensbrücken
und fließender Liebe.

Nährend zulassende Liebe, die uns wie die Welt
zu einem besseren erblühenden Ort entfalten lassen.

Peter Hort

Im Park

Ich laufe nach Norden, in den fremden Park.
Wo Treue, Glück und noch ein Riesenrad.
Vor mir noch Tausend Stufen, aus Beton.
In mir nur Angst und Pech und eitle Fron.

Lass mich alleine stehen, hier am Kran!
Ich will nur gehen, stehen tief im Wahn.
Und dann ist alles, alles wieder richtig gut.
Fast alles werde sein mir ein neues Wagemut.

Ach, alter grüner Park, so kühl
Ach, tröste, weiche vor diesem Riesenrad Gestühl.
So halte fest, den Augenblick zu zweit.
In neuer Heiterkeit, ja, Freulichkeit und Leid!

Peter Hort

Schneeberg

Wir fliegen und fliegen und doch ganz allein!
Um uns tiefste Wehen – und Glück als ein Schein!

Vor uns nur Winter und Schnee aus Glück!
Will geben uns Frieden und gar nichts zurück!

Wir fliegen und fliegen und denken zu arm!
Mensch denk dich sicher, Schnee bleib im Harm!

Peter Hort

Auf Reisen

Wer weiß wohin der Weg mich führt?
Wer weiß es Nah und Fern.
Ich bleibe heute aufgeführt.
Im alten Garten Bern.

Wer weiß wohin der Wind noch dreht?
Zu welchem Riesen-Rad.
Aus welchen Winkel er verweht.
Den Griechen - Arborat.

Wer weiß wohin der Wind noch schwenkt?
Ob Richtung Ost ob West.
Ich gehe dorthin wo man denkt!
Durch Krankheit, Leid und Pest!

Peter Hort

Der Gefangene

Schweigend will ich aus dem Kerker entfliehen.
Blaues Vogelpaar kann ich schon sehen:
Dort über mir in die Fernen kühn ziehen!
Darf mich mit ewiger Freiheit nur schmähen.

Mir ist nicht mehr nach Warten zumute!
Ich muss heraus aus dickesten Mauern!
Tollwut und Trauer, Herzensweh – Rute!
Ich will die Ketten mit Zähnen zerhauen!

Flieg nur davon! Du verlorenen Zeit – du!
Fliege zu Bergen sowie zu den Hügeln!
Hoffnung alleine gibt mir meine Seelen-Ruh!
Ich will entfliehen auf Vogelflügeln:

Peter Hort

Der Quacksalber

„In Ihre Wunden,
leg ich noch Salbei-Öl dazu
und Stund` für Stunden,
bis das die Schmerzen geben Ruh! Und Ruh und Ruh" –
„Ich will gesunden ja, nur im Nu!" – „Im Nu?"

„Sind Sie denn Arzt? Herr ... Ach, ich glaube Herr Kleist!
Mein Knöchel knarzt, der Magen reizt und reizt und reizt!"
„Weizt ihre Wunde, nur im Leitzt?" –
„Sie reizt! Herr Kleitzt!"

„Ach, Herr Baron, Sie sind verschmitzt im Ton!
Ich kenne kaum Witz.
Die Münder stets gespitzt – gespitzt!"
„Trotz jedem Knicks, trotz jedem Knicks! Knacks!
Die Salben wirken gut! Und Morgen besser schon! Sie Herr Baron"

„Ich stehe nach, ich hab ein Stethoskop dabei – dabei."
„Die Schmerzen, lach! Es lindert alles der Salbei! Ja der Salbei" –

„Und was es funden? Herr Dr. Kleist.
Ich will gesunden! Ich bin erstunden!" –
„Doch nur im Geist! Doch nur im Geist!"
Beim Dr. Kleist!

„Hier sind zwei Späne! Sie müssen aus Waffen stammen
Und ihre Sehne, ist nur ein wenig aus dem Rahmen.
Oh, Blitz nicht schreien! Ich ziehe diese Späne raus.
Hu! Hu! Verzeihen, hier jedem Walfische im Haus"

„Da sitz` ich nun, mit einem Stethoskop im Maul.
Die Beine krumm, schau hinab, hindurch, hinauf."
Und schnauf und schnauf!
– „Verschwunden ist der Asklepios! Ach, hundert Gulden bin ich los" –

Peter Hort

Tulpe

Ich streife einsam durch das Land! Das heiße!
Nur nicht für diesen Rund bereit!
Nur nicht für diese Erde – weiße!
Die mich in Arbeit, in Arbeit hält lohne.
Gilbt laut leise, leise nur im Kreise – wohne!
Alles will läuten Troubadour und Ewigkeit und Unergiebigkeiten!
Nur Uhr nur Uhr und nur Kultur! Kann und muss mir Glück bereiten!

Peter Hort

Auf Irrfahrt

Wer weiß wohin ich gehen soll?
Zu welchem Morgenstern!
Ich bin so eitler Denken voll!
Ich segle Fern zu Fern!
Wie soll ich anders Glauben find!
In einer Zeit voll Pech!
Wie kann ich anders wie ein Kind!
Nur zeigen meine Schwech`!
Wer weiß wohin ich gehen soll?
Ob Richtung Süd ob Nord!
Ich bin so der Gedanken voll!
Ich will zum Heimatort!

Peter Hort

In Schaffhausen

Brenn Schaffhausen brenne, brenn!
Und lass dich singen!
Über dir die Hexenrenn!
Will Besen schwingen!
Brenn Schaffhausen tolle rau!
Ich will nun beten!
Zu der alten Hexenfrau!
Die will uns retten!
Klaue doch noch eine Beert!
Ich will nach Oben!
Alles heute ist uns wert!
Das Toben, Toben!
Brenn Schaffhausen und rau!
Wo`s nicht mehr böse!
Über dir die Hexenfrau!
Die uns erlöse!
Alles will nun größer sein!
Und alles ewig!
Deihe Schönes und gedeih!
So hellig, hellig!
Weile Stätte um uns rum!
Dem Leben fröne!
Alle Menschen werden dumm!
Und grün fast schöne!
Brenn Schaffhausen tolle rau!
Aus allen Lotten!
Über dir die Hexenfrau!
Mit alten Toten!
Brenne, brenne, brenne – brenn!
Ich will nur singen!
wenn ich wäre, wäre, wenn!
Über allen Dingen!
Klaue alter Hexenmann!
Uns noch zwei Feigen!
Alles ist nur leerer Wahn!

Im Hexenreigen!
Alles will nun weise sein!
Und alles Zauber!
Singen will ich nun hinein
Dem Räuber Rauber!

Peter Hort

Auf Scheria

Schön bist du! Mädchen Nausikaa.
Und ewig weise:
Wahr ist jede Liebe, ewig wahr!
Nach langer Reise!

Schön bist du, o Mädchen wunderbar!
Und reich an Schätzen!
Frön` ich hier dem Leben, frön` als Narr.
In deinem Herzen!

Alt bin ich und viel zu alt, zu alt!
Und ohne Namen!
Kalt! Ist mir! Ach viel zu kalt, zu kalt
Weil Beine lahmen.

Schön! Bist du! O Mädchen Nausikaa.
Und ich bin greise.
Wahr ist jede Liebe, ewig wahr!
Nach endlos Reise!

Peter Hort

Auf der Insel

Wo das Meer ist, da ist Ruh!
Und ich will singen!
„Schreit Sirenen! Lieder, meinen Männern zu.
Die laut stören, süßer klingen!"

Groß ist mir der alte Drache hier.
Los, will mich binden.
Ich bin gleich der Argos in der Wirr.
Kann nicht verschwinden.

Schreit Sirenen! Schrei-et Laut und stumm.
Beim Spielen, Spielen!
Auf euren Harfen nur – gleich toten Grillen!

Tanzt, Sirenen, tanzet, tanzt und leise tänzelet.
Tanzt, Sirenen, tanzet, tanzt mit euren Schwänzelet.

Peter Hort

Prometheus

Dort! tief im Süden, wo, es warmt!
Und wo man mich seit langen martert.
Dort! Tief im Süden, wo man armt.
Und auf die Befreiung wartet!

Dort! tief im Süden, hat man Zeit.
Und, eine Zeit. Die niemals endet.
Ja, eine Zeit: Der Zärtlichkeit.
Ja, eine Zeit, die alles wendet!

Peter Hort

Rückkehr nach Ithaka

Heimzukehren ist das Glück.
Und laut zu singen!
Gib! mir Fatum, meinen Sohn zurück.
Lass mich Verhängnis aufspringen!

Heimzukehren ins Gemach.
Und auf Flöten.
Laut zu spielen, lachend lach:
„Ich will dich töten!"

Hin, will ich, zu meiner Stadt!
Zu meinen Sippen.
Auf, einem engen Grat.
Knapp auf Klippen!

Ja, auf diesem Felsenreich.
Bin ich eine Knechte.
Keuchet! Alte Frauen, weicht!
Der meinen Rechten!

Heimzukehren, ist das Glück.
Und laut rufen!
Gib! Geschick mir meinen Sohn zurück!
Auf Treppenstufen.

Peter Hort

In der Hölle des Sokrates

Der Regen fällt
Aus Dionysios Jammerbauch!
Was bist du Welt?
Nur Götterspiel und Narenhauch?

Ich bin allein!
Und schaue aufwärts, seelenschwer.
Die Welt: So klein!
Im Griechen-Wahn – im Griechen-Meer.

Nun bist du – alt!
Schaust vorwärts, ach so grün vom Weh.
Die Möwe; schallt – so seelenkalt!
O Griechentum – vergeh!

Peter Hort

Im Hause des Sokrates

Der Regen fällt
Aus des Himmels warmen Kreis ...
Was bist du Welt?
Nur Götterspiel und Narrengeist?

Nun gehe los!
In deinem Hause zu auf den Gast.
Die Welt ist groß!
Die du in deiner Tasche hast!

Du Mensch, bist kalt,
Zur ewigen Wanderschaft verdammt.
Was du gemalt:
Von einer anderen Erde stammt.

Peter Hort

Auf Aia

Du bist allein auf dieser Insel neu,
Und deine Männer sind nun Schweine.
Dich hallten Gifte der Kirke Frau – scheu.
Dich halten süße Gurkenweine.

Zeichne die Welt der Griechen kalt.
Und lass dich stören.

Als einen Achäar ewig alt
Vor den Moiren Chören.

Wahn, ist dir diese Insel neu.
Auf hohen Bergen.
Nur aus Angst macht dich die Frau treu.
Mit mürben klaren Zwergen!

Krank bist du nur vom Giftetrank allein.
Willst ewig grüne leben.
Vom Gifte-Schank, vom süßen Wein
Von Kolchis Reben.

Du bist allein auf dieser Insel alt.
Und hinkst auf Knochen.
Vorm Feinde in Frauengestalt
Seit tausend Wochen.

Peter Hort

Circe

Grüner noch als grün und grün und grüner ist die Kirke Frau.
Kühner, noch als Kühn und Kühner ist ihr schmaler Tau.

Schöner als alles, alles auf der heißen Welt: Ist Sie.
Hühner will sie nicht, nur einen Held. Und Vieh.

Wahrheit spricht sie als ob es weht. Und schreit!
Narrheit, ist ihr was sie gut versteht. Und Tempel weiht!

Einfalt findet sie in der Kultur: der Ilias; allein.
Galt sie jedem Alten doch als Trost und Maß. Im Wein.

Krankhaft betet sie zum Poseidon allein. Nur!
Wahnsinn ist ihr fremd und nur ein Schein! Kultur!

Peter Hort

Seefahrt

Wohin traue ich mich auf's neue?
Morgentreue – Bruderschaft!
Mannschaft ruft ahoi, ahoe!
Griff am Steuer – Seele klafft!

Peter Hort

Bei den Phäaken

Wer weiß wohin ich gehen soll!
Ob Welt ist fremd, ob weit!
Ich bin so aller Schätze voll!
So voller Griechen-Neid!

Wer weiß wohin ich schaukeln soll!
In welches Land das fern.
Will trösten, trösten mich zum Wohl!
Will segeln ich zum Stern!

Wer weiß wohin ich lieben soll!
Aus welchem Ungemach!
Ich bin so aller Mühen voll!
Ich bin so krank und schwach!

Peter Hort

Prometheus

Dort tief im Süden, wo es warmt!
Und man mich ihn schon seit langem martert!
Dort tief im Süden Sonne armt.
Und wartet, wartet, wartet. Wartet!

Dort tief im Süden einer weint!
Und will an Einsamkeit gesunden
Dort tief im Süden Sonne scheint!
Und heilt alte, alte Wunden!

Peter Hort

Bei der Prinzessin Nausikaa

Klein bist du, o Mädchen Nausikaa!
Und ich bin durstig.
Schweine hüttest du, wie ich einst war!
So überlustig.
Gieb mir doch ein Quentchen Zeit!
Sei mir geständig.
Alles Liebe ist die Ewigkeit,
So unbeständig!
Schalle, schalle mir zum Trost.
Ein kleines Märchen:
Ich hab heute forsch liebkost.
Poseidons Mädchen!

Peter Hort

Vor Ithaka

So zürne du mir doch nicht mehr!
Denn Zeus wird uns noch alle richten!
Es fällt mir immer noch zu schwer
Auf deine Küsse zu verzichten!
Und wenn wir sehen uns zum Mahl!
Zu diesem letzten, das nie endet!
Ist in den Tagen ohne Zahl!
Gar keiner mehr, der sie verschwendet.

Peter Hort

Im Nebel

Wohin, Woher und auch Wieso?
Ich bin so dumm im Irgentwo.
Allein nicht einsam auf Wegen trostlos leer!
Bewein, bewein – Vermächtnis ewig schwer!
Durch tausend Brücken – Wagemut!
Durch letzte Tücken – Teufelsglut!
Gib Mut, gib Mut – Im Nebel unbekannt!
Gib Wut, gib Wut – du böses Laistrygonen-Land!

Peter Hort

Meerfahrt

Wir flogen, und flogen und fast übern Khan!
Vom Leben betrogen, von Welt und vom Wahn!
Vor uns tiefster Winter und Donner wie Frost!
Die Fata Morgana – der eigentlich Trost!

Inhalt

115

Autorinnen und Autoren stellen vor:

Vanessa Boecking: Damian, der Zauberer: Ein modernes Märchen, 96 Seiten, Fischer, R.G., 2022, 11,95 € (ab Juli 2022 lieferbar)

Andreas Erdmann, Monika Jarju u.v.a: Die Ostroute. Erzählungen, 256 Seiten, Edition Zeitsprung, Berlin 2019, 11,90 €

Marko Ferst: Einzug in die Stille. Erzählung, 112 Seiten, Edition Zeitsprung, 2021, 7,50 €
Marko Ferst: Jahre im September. Gedichte und Erzählungen, 212 Seiten, Edition Zeitsprung, 2017, 11,90 €
Marko Ferst: Republik der Falschspieler. Gedichte, 172 Seiten, Edition Zeitsprung, 2021 (2. Auflage), 9,95 €
Marko Ferst: Umstellt. Sich umstellen. Politische, ökologische und spirituelle Gedichte, 160 Seiten, Engelsdorfer Verlag, Berlin 2005, 11,20 €
Marko Ferst, Franz Alt, Rudolf Bahro: Wege zur ökologischen Zeitenwende. Reformalternativen und Visionen für ein zukunftsfähiges Kultursystem, 340 Seiten, Edition Zeitsprung, Berlin 2002, 21,90 €
Marko Ferst, Rainer Funk, Burkhard Bierhoff u. a.: Erich Fromm als Vordenker. „Haben oder Sein" im Zeitalter der ökologischen Krise, 224 Seiten, Edition Zeitsprung, Berlin 2002, 15,90 €
Leseproben und Bestellung: www.umweltdebatte.de

Fritz Leverenz, Sabine Naumann, Peter Lechler u.v.a.: Brücken ins Land. Erzählungen, 376 Seiten, Edition Zeitsprung, Berlin 2021, 14,90 €, Leseproben: www.literaturpodium.de

Angela Hilde Timm: Glaubens-Bilder, christliche Gedichte + Fotos, 47 Seiten, wfb-Verlag, 2010, 3,99 €

Elena Zardy: Magie des Augenblicks. Gedichte, 48 Seiten, epubli Verlag, 2017, 10,99 €, eBook 3,49 €
Elena Zardy: Wie schmeckt die Stille.Gedichte, 100 Seiten, epubli Verlag, 2017, 12,99 €

Elena Zardy: Die Stille nicht gewagter Worte. Gedichte, 128 Seiten, epubli Verlag, 2018, 14,99 €
Elena Zardy: Und neben mir das Meer, Reisegeschichten, 104 Seiten, epubli Verlag, 2019, 14, 99 €
Elena Zardy: Ein Augenblick der Liebe. Gedichte, 136 Seiten, epubli Verlag, 2019, 15,98 €
Elena Zardy: Hungrig waren wir. Erzählungen, 96 Seiten, epubli Verlag, 2021, 14,05 €
Elena Zardy: Auf den Flügeln des Ikarus. Roman, 256 Seiten, epubli Verlag, 2021, 19,89 Seiten, Leseproben: www.amazon.de

In der Maskenzeit

Gedichte

Hanna Fleiss, Peter Frank, Regina Jarisch u.v.a.

356 Seiten, 2021

Ganz schnell brach die Zeit der Masken an. So manchen warf sie aus der Bahn, nicht jeder kam heil aus den pandemischen Wirren. Die Gedichte führen in unser Nachbarland Tschechien, ein Besuch in Prag wird abgestattet. Friedenslinien in Nordirland kommen in Sichtweite. Der Leuchtturmwärter steigt die Stufen hinauf. Ungelebtes Leben rückt an uns heran, die Ablagerungen nach versagten Freiheiten. In den Büchern stehen die Namen von Königen, vom Scheitern wird zu wenig geredet. Rote Listen wachsen, welche Vögel kommen noch einmal zurück? Göttinnen unter sich zelebrieren ihre Auren. Weltenschach wird gespielt. Die Kompassnadel der Weißen Rose stellt Fragen: Was muss heute Orientierung sein? Glückstage schneiden sich ein, sanfte Umarmungen, Küsse. Die Spinnenverstecke finden sich nach dem Winter.

Leseproben: www.literaturpodium.de

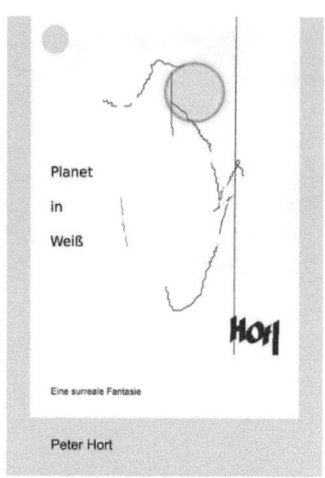

Planet in Weiß

Eine surreale Fantasie

Peter Hort

72 Seiten, 2020

Unbetretene Pfade und Lichtungen öffnen sich. Treten Sie ein in eine Fantasiewelt, Sequenzen aus dem Heute und vergangenen Zeiten. Virtuose Szenerien gleiten vorbei. In welchen Lagen des Bewußtseins verbirgt sich die Weisheit? Die Narren entziehen den Blick, der sich noch orientiert. Königen wird gefolgt, Symmetrien gebrochen. So ist diese Romandichtung von Peter Hort eine Reise ins Ungewisse. Keine Spur führt zum weißen Planeten.

Inhalt, Leseproben: www.literaturpodium.de
bestellen: pehort323@gmail.com

Und schweigen. Auf ewig.

Gedichte

Rainer Daus

108 Seiten, 2020

Dieser Gedichtband führt uns auf kriminalistisches Terrain. Abgründe öffnen sich, man fühlt sich in Episoden von Dostojewskis Romanen versetzt. Es geht Schlag auf Schlag, die Luft ist bleihaltig. Zwischendurch ein Atemholen beim Blumengießen im Garten. Von unmöglicher Rache berichtet ein surreales Amselgedicht. Ein Arbeitsunfall hinterlässt einen Mann in einem Zustand, der von anderen nicht mehr verstanden wird. Attentäter sind unterwegs, Sprenggürtel werden angelegt. Was haben sie vor? Die Wörter-Wucht des Klimadesasters sorgt für Beklemmungen. Auf beschwerliches Dichterleben kommt die Rede. Gruben mit kleinen gelben Baggern werden ausgehoben für tausende Coronatote. Die vielen Opfer der Pandemie, sie schweigen für ewig. Aber auch von Liebe und Küssen weiß ein Gedicht zu erzählen. Daus schreibt Prosagedichte, oft kantig und rau. Und bei vielen Texten fragt man sich: Ist es schwarzer Humor, der sich hier ausdrückt, oder ist es der pure Sarkasmus?

Leseprobe, Inhalt: www.literaturpodidum.de
Kontakt und bestellen: daus.r@t-online.de

Literaturpodium

Bei uns können Sie Gedichte, Erzählungen, Essays, wissenschaftliche Beiträge, Märchen, Fantasiegeschichten, Haiku, Aphorismen, Reisereportagen etc. in verschiedenen Buchprojekten veröffentlichen. Die Bücher werden gegenseitig mit Anzeigen beworben und im Internet präsentiert. Sie sind in vielen Ländern lieferbar. Auch eigene Gedichtbände, Romane etc. können publiziert werden.

Mehr Informationen unter:

www.literaturpodium.de

Meine Liebe ist anders

Gedichte

Giulia Patruno, Felix Martin Gutermuth, Ingrid Baumgart-Fütterer u.v.a.

140 Seiten, 2021

Oktobertage

Gedichte

Claudia Castillon, Josef Wehinger, Petra Dobrovolny-Mühlenbach u.v.a.

156 Seiten, 2020

Inhaltsverzeichnis: www.literaturpodium.de
Bestellung: wettbewerb@literaturpodium.de

Einzig dieser Moment
Gedichte und philosophische Poesie
Eduard Preis

Einzig dieser Moment

Gedichte und philosophische Poesie

Eduard Preis

80 Seiten, 2020

Wie durchlaufen wir den Bogen des Lebens? Im Band finden sich eine Vielzahl philosophisch akzentuierter Gedichte. Bewegung und Stillstand ergeben zwei ewige Gegensätze. Sie bestehen jedoch nur aufgrund ihrer gegenseitigen Verbundenheit. Diese Einheit wird uns in manchen Augenblicken bewusst. Solche Momente bewegen uns, wir halten inne und reflektieren über den Lauf der Dinge, die Welt wie sie beschaffen ist. Doch führt uns der Autor auch in die Gestade der Träume, lädt uns nach Lappland ein oder fragt nach dem Erhalt der ökologischen Balance. Umarmungen und die Gestalten der Liebe lassen sich auffinden. Folgen Sie den Eisenbahnschienen des Nordens oder den Spielarten moderner Kunst. Einige Gedichte sind um eine englische oder russische Version ergänzt.

Inhalt, Leseproben: www.literaturpodium.de
bestellen: preis.eduard@hotmail.de

Republik der Falschspieler

Gedichte

Marko Ferst

172 Seiten, 2021 (2. Auflage)

Wohin driftet die Berliner Republik? Ein bißchen Gelddiktatur schadet doch niemandem? Die Gedichte in diesem Band bürsten unbequem gegen den Strich. Hartz IV und Ein-Euro-Job kommen auf den Prüfstand. Da wird nach sozialer Gerechtigkeit ebenso gefahndet wie nach ökologischer Balance. Sind wir als Zivilisation dem Untergang geweiht? Der Autor setzt sich auseinander mit den Folgen von Tschernobyl für die Menschen und thematisiert: Atomkraft ist unverantwortlich. Er führt uns nach Mittelasien und schreibt sich an die Tragödie um den verschwindenden Aralsee heran.

Wieviel unschuldige Opfer fordert der angebliche Kampf gegen den Terror? Was konnte die orange Revolution in der Ukraine leisten oder wieviel blaue Adern durchziehen sie? Unternommen wird ein Ausflug an die Wolga und nach Kasan. Einen umfangreichen Abschnitt mit Liebesgedichten findet man vor, überdies zahlreiche Landschaftsgedichte. Außerdem: was kann dem streßgeplagten Weihnachtsmann alles passieren? Eine Nachtwanderung führt in spukumwundenes Ferienland.

Leseproben: www.umweltdebatte.de Bestellung: marko@ferst.de

Jahre im September

Gedichte und Erzählungen

Marko Ferst

Edition Zeitsprung

Jahre im September

Gedichte und Erzählungen

Marko Ferst

212 Seiten, Edition Zeitsprung, 2017

Über Ostseeinseln wie Öland und Usedom streifen die Gedichte. Sie führen in die schwedische Schärenstadt sowie nach Buchara, Samarkand oder in den Ural. Magische Ausflüge in die Natur und Tierwelt tauchen auf. Gedichte zu Musik, Literatur und Malerei reichern diesen Lyrikband an. Unter die Lupe genommen wird der Drang der Regierenden, uns mehr und mehr auszuspionieren. Kritik zieht das gescheiterte Afghanistan-Abenteuer auf sich, das syrische Totenfeld wird umrissen. In Bangladesch zeichnen sich weitere Landnahmen des Meeres ab, Wasserstände, die mit unserem verschwenderischen Lebensstil im Norden verbunden sind. Sondiert wird, warum unsere Zivilisation ökologisch zu scheitern droht, sich längst im Spätstadium befindet. In der Arktis zeigt sich, wie weit das Vorspiel zum Klimaumsturz schon gediehen ist. Spitzbergen archiviert unsere letzten genetischen Hoffnungen. Den Spuren und Abgründen einer mysteriösen Krankheit wird nachgegangen. Der Band enthält zwei Erzählungen - eine arktische Begegnung zwischen weißen Raubtieren und einen Blick in das sowjetische Speziallager Sachsenhausen.

Leseproben: www.umweltdebatte.de Bestellung: marko@ferst.de

mutmachrot

Gedichte

Hanne Strack

128 Seiten, 2020

Die Farbe Rot steht häufiger im Blickpunkt in diesem Gedichtband, ob als Mohnfeld oder dampfende Tomatensuppe und nicht zuletzt als rote Linie. Uns umgebende Dinge, Situationen des alltäglichen Lebens greift die Autorin auf. Eine klare, verständliche Sprache ist ihr wichtig, um Raum für unterschiedliche Sichtweisen zu schaffen. Auf der Suche nach der eigenen Identität, in der uns Phänomene wie Zeit, Kindheit, Alter begegnen, beschreibt sie Gedanken der Hoffnung, des Staunens über diesen Ort Erde, über das Erleben von Stille und die Möglichkeiten der Liebe. Die Lyrik ist ihr Ventil, um Freude, Schmerz, Angst, Zuversicht in Worten auszudrücken, bevor diese im Sprachschatten verlorengehen. So werden zum Beispiel die syrischen Schicksale eingeblendet. Die Corona-Tragödien gehen ihr nah. Rückblicke und Prognosen zum Weihnachtsfest tauchen auf. Ein Eisvogel fliegt vorüber. Die Lyrik der Autorin eckt an, wirft Fragen auf und setzt neue Akzente immer in Verbindung mit Lichtblicken.

Bestellen: hannestrack@gmx.de
Leseproben: www.literaturpodium.de

Pinselstriche, Klavier und Kunst

Gedichte

Heike Streithoff, Volker Teodorczyk, Carsten Rathgeber u.v.a.

404 Seiten, 2020

Malerei, Musik und Schriftsteller spielen in diesem Gedichtband eine herausgehobene Rolle. Beethoven, Storm oder Barlach bekommen ihren Auftritt. Monet und Vincent von Gogh sind gefragt. Begebenheiten mit einem Aktmodell werden geschildert. Schwimmen Sie auf den Wasserpfaden der Haie. Reden wir von den letzten Elefanten auf unserem Planeten, dem Schwinden der Evolution. Katzengedichte sind im Band zu finden. Genießen Sie ihren Kaffee auch im Lockdown. Die Corona-Pandemie hinterläßt Spuren in den Gedichten. Ein Maskenball setzt sich in Szene. Warum sind die Nazis von der AfD keine Panzerknacker? Von den verwaisten Dörfern am Rand von Tagebauen wird berichtet. Eine Frau trifft ihren Ex-Mann, sondierte ihre Gedanken über ihn. Herbstgedichte sind zu finden, der Wind pfeift um die Ecken.

Leseproben, Inhaltsverzeichnis: www.literaturpodium.de

Bis dein Blick Meer wird

Gedichte

**Ulrich Grasnick, Günter Kunert, Sigune Schnabel
Henry-Martin Klemt, Charlotte Grasnick, Marko Ferst, u.v.a.**

412 Seiten, 2019, 14,90 €

In der frischen Brise kurven Möwen über Dünen und Meer hinweg. Viel Weiß verbrauchte Caspar David Friedrich für seine Kreideküste. In einem weiteren Gedicht bricht die brennende Takelage des Winters herunter, umkreist von Rottgänsen. Farbige Versprechen tauchen beim Mexikanischen Totenfest auf, neue Kleider werden geschenkt. Ein Traumdetektiv geht auf die Suche. Patagoniens Puma und die Ruta 40 bekommen ihren Auftritt, Andengipfel. Für die Mutter will jemand kochen in einem syrischen Garten mit Datteln, wenn der Krieg vorbei ist. Blaue Pausen fallen in das Meer der Töne, Debussy verzaubert mit Flöten die Hörer. Krakauer Tauwetter, jemand spielt auf einer geraubten Trompete. Wie könnte Frühlingsluft durch die Flure der Zivilisation wehen? Der Müggelsee lädt zu einer Dampferfahrt ein. Grafiken von Dorothee Arndt illustrieren den Band. Das Köpenicker Lyrikseminar mit der Lesebühne der Kulturen Adlershof ist seit weit mehr als vier Jahrzehnten eine Institution. Für diesen Gedichtband wurden zahlreiche Gäste dazugeladen.

Leseproben: www.umweltdebatte.de   Bestellung: marko@ferst.de (dt. Porto frei)